シリーズ「遺跡を学ぶ」114

九州の銅鐸工房
安永田遺跡

藤瀬禎博

新泉社

九州の銅鐸工房
—安永田遺跡—

藤瀬禎博

【目次】

第1章　九州ではじめての銅鐸鋳型……4
1　銅鐸鋳型の発見……4
2　青銅器の種類と名称……7
第2章　安永田遺跡は青銅器工房だ……10
1　安永田遺跡の発掘……10
2　銅鐸鋳型がつぎつぎに出土……19
3　青銅器工房の時期……24
第3章　広がる青銅器工房……26
1　福田型銅鐸を追う……26
2　青銅器の一大生産地・柚比遺跡群……33

3　柚比遺跡群以外にも工人集落が……38

第4章　青銅器生産の実態解明へ……45

1　青銅器の誕生と日本列島への伝来……45

2　弥生時代の青銅器製作に挑む……50

3　鋳型石材の産地を求めて……61

第5章　弥生時代のテクノポリス……69

1　青銅器生産と渡来人……69

2　北部九州弥生文化圏……78

3　残された課題……88

参考文献……92

編集委員
勅使河原彰（代表）
小野　昭
小野正敏
石川日出志
小澤　毅
佐々木憲一

装　幀　新谷雅宣
本文図版　松澤利絵

第1章　九州ではじめての銅鐸鋳型

1　銅鐸鋳型の発見

まさか銅鐸の鋳型が

一九八〇年一月一七日の午後、鳥栖《とす》市文化財整理室で柚比《ゆび》町安永田《やすながた》遺跡の調査現場から引きあげてきた遺物類を水洗後、乾燥させていた作業台上の土器片のなかに、みかけぬものが調査補助員の目にとまった。

こぶし大で砥石《といし》かなと思い手にとり、裏返してみると、真っ黒に焼けているので瓦の破片かと思った。ところが、そこには斜線と鳥の文様がくっきりと刻まれていたという（図1）。

その報告を受けて、同僚と手あたり次第に報告書や本のページをめくっていった。鳥らしき文様があることから、あるいは銅鐸《どうたく》ではないかと思われたが、まさか九州で出土するとは、当時は考えられなかった。

九州でよく出土する大きな銅矛《どうほこ》の柄にあたる袋《ふくろ》に、斜線と鳥の文様が刻まれているのか？　九州でも出土する小型で文様がなく銅鐸の起源と考えられている朝鮮式小銅鐸に、本来あるはずもない文様が刻まれているのか？

資料調査は夕刻遅くまでおよんだ。さまざまな本をめくり、何度もたちかえり最終的に目がとまったのは、銅鐸研究の第一人者だった佐原《さはら》眞《まこと》著の『日本の原始美術⑦　銅鐸』に載っている島根県の旧家に伝わる伝出雲《いずも》銅鐸の写真だった（**図2**）。しかし、この時点でも、まさか銅鐸鋳型が出土するとは……という思いだった。

さらに多くの意見による資料調査を進める必要があると考え、佐賀県文化課へ連絡した。この時のようすを、当時、佐賀県文化課の課長補佐だった高島《たかしま》忠平《ちゅうへい》さんは新聞のインタビュー記事でつぎのように述べている。「受話器を取ると、鳥栖市教育委員会の藤瀬禎博さんだった。いつもは落ち着き払った声で話をする藤瀬さんが、興奮していた。私は絶句して、唾を飲み込んだ。言葉をはさむのを抑えながら、藤瀬さんの話を聞く。彼の話がとぎれると、すかさず言った。〝それこそほんとの銅鐸だよ！〟」

電話の後、佐賀県文化課に鋳型を持参し、さらにく

図1●安永田遺跡出土の銅鐸鋳型
鋳型面は黒く変色し、綾杉の横帯文上に水鳥、その左にトンボかトカゲの尾がみえる。また左端は鰭部で、複合鋸歯文が刻まれている。

わしい資料調査を夜っぴておこなった。興奮していたせいか眠くはなく、とうとう徹夜でいろいろな文献をひもとき「銅鐸と鋳型」の事例を調べあげた。

通説を書きかえる発見

この鋳型は、縦六・五センチ、横六センチ、厚み四・五センチという小さなもの。鋳型面は真っ黒に焼けたような状態で、下辺より二・三センチ上に二本の横線で区画された一条半の綾杉《あやすぎ》文《もん》、その上には水鳥の類、シラサギかと思われる鳥と、トンボもしくはトカゲの尻尾のような縦線が彫り込まれていた。

一般的に、銅鐸の鰭《ひれ》（**図3①**）には三角形の鋸歯文《きょしもん》があり、内向きの三角文に細線を入れているが、この鋳型には左右両方向の三角形のなかに細線を入れた「複合鋸歯文」という文様が規則正しく刻まれていた。綾杉文の横帯の下には図柄がないことから、この鋳型片は銅鐸の裾の部分に相当すると考えられる。

佐賀県文化課をまじえた資料調査で、伝出雲銅鐸と同じタイプのもので、広島市の福田木《ふくだき》の

図2 ● 伝出雲銅鐸
上・中間・下に綾杉の横帯文があり、その間、上段に人間の顔のような写実的な辟邪文、下段には水鳥が描かれている（図20②参照）。

宗山《むねやま》出土例を代表とする「福田型銅鐸」（**図20①参照**）あるいは「横帯文銅鐸《おうたいもんどうたく》」の鋳型であると判断し、数日後の一月二一日に新聞・テレビなどに発表した。発表当日、安永田遺跡付近の上空にヘリコプターが飛びまわるので、地元の人びとが「何ごとか」と空を見上げた。多くのマスコミが〝教科書を書き換える発見〟と大きく報道し、社会的にも大きな反響をよんだ。

その当時まで、銅鐸は近畿地方を中心に「銅鐸分布圏」を形成し、東は福井県から静岡県を結ぶ線、西は島根県から広島県を結ぶ線までが分布範囲と、教科書にも地図入りで掲載されていた。その分布範囲の西から九州にかけては「銅剣・銅矛分布圏」だった。

まさか九州から銅鐸が、しかもそれをつくる鋳型が発見されるとは誰しも想像していなかった。佐原眞さんは「青天《せいてん》の霹靂《へきれき》とでもいうのだろうか。九州で銅鐸の鋳型がみつかった、という第一報に接した時は、まったく驚き、耳を疑った。驚き以外の何ものでもなかった」と述べるほどの発見だったのである。

2　青銅器の種類と名称

ここであらかじめ銅鐸・銅剣など青銅器の種類と各部位の名称を説明しておこう。

銅鐸　銅鐸は楕円形の釣鐘形で、なかに下がる「舌《ぜつ》」と「身《み》」の内面凸帯がふれ合って音が出る（**図3①**）。吊り下げる部分を「鈕《ちゅう》」といい、身の両側に張り出した扁平な「鰭」がつく。

銅鐸は〝謎の青銅器〟といわれる。文様はなにを意味するのか？　なぜ埋められたのか？

など現在でも解明されていないさまざまな謎がある。最初は二〇センチほどの大きさで、祭りの際に鳴らすカネで文様も単純だったが、後には大型化し装飾を多く施し、祭りの対象となり、見るカネへと変化する。農業共同体の祭器だと考えられる。

銅剣　銅剣は両刃の刀で、手でにぎる「柄」と刃がついた「身」からなる。柄と身を一体につくる一鋳式（有柄式《ゆうへい》）と、別々につくって組み立てる組み合わせ式（有茎式《ゆうけい》、**図3②**）がある。組み合わせ式は柄に差し込むための「茎《なかご》」がある。銅剣は細形から中広形まで変化するが、中広形の出土例は少ない。中期末ごろから実用性を失い、祭器となり埋納される。島根県の荒神谷遺跡では、谷斜面に銅剣（中細形）三五八本が埋納されていた。

銅矛　銅矛も両刃だが、後世の槍と同じように突き刺すための武器である（**図3③**）。長い柄を差し込む中空の「袋」と、刃がついた「身」からなる。袋の下端近くに半円状の「耳《みみ》」が両側あるいは片側につくものがある。耳は布などを結び旗印などに使用したと考えられる。銅矛は細形から中細・中広・広形へと変化する。中細形までは利器としても使え、多くが墓の副葬品として出土する。中広形以降は埋納され、武器形の祭器となる。

銅戈　銅戈《どうか》は長い柄の先端近くに、柄と交差する方向に取り付けて用い、横に撃ち込んだり引っかけたりする武器である（**図3④**）。中国では戦車用の武器として使われた。柄にあけた孔（穿）に差し込むための「内《ない》」と固定するための「胡《こ》」と、刃がついた「身」からなる。銅戈も細形から中細・中広・広形へと変化する。出土状況は銅矛と同じようだが、広形の出土は少なくなる。

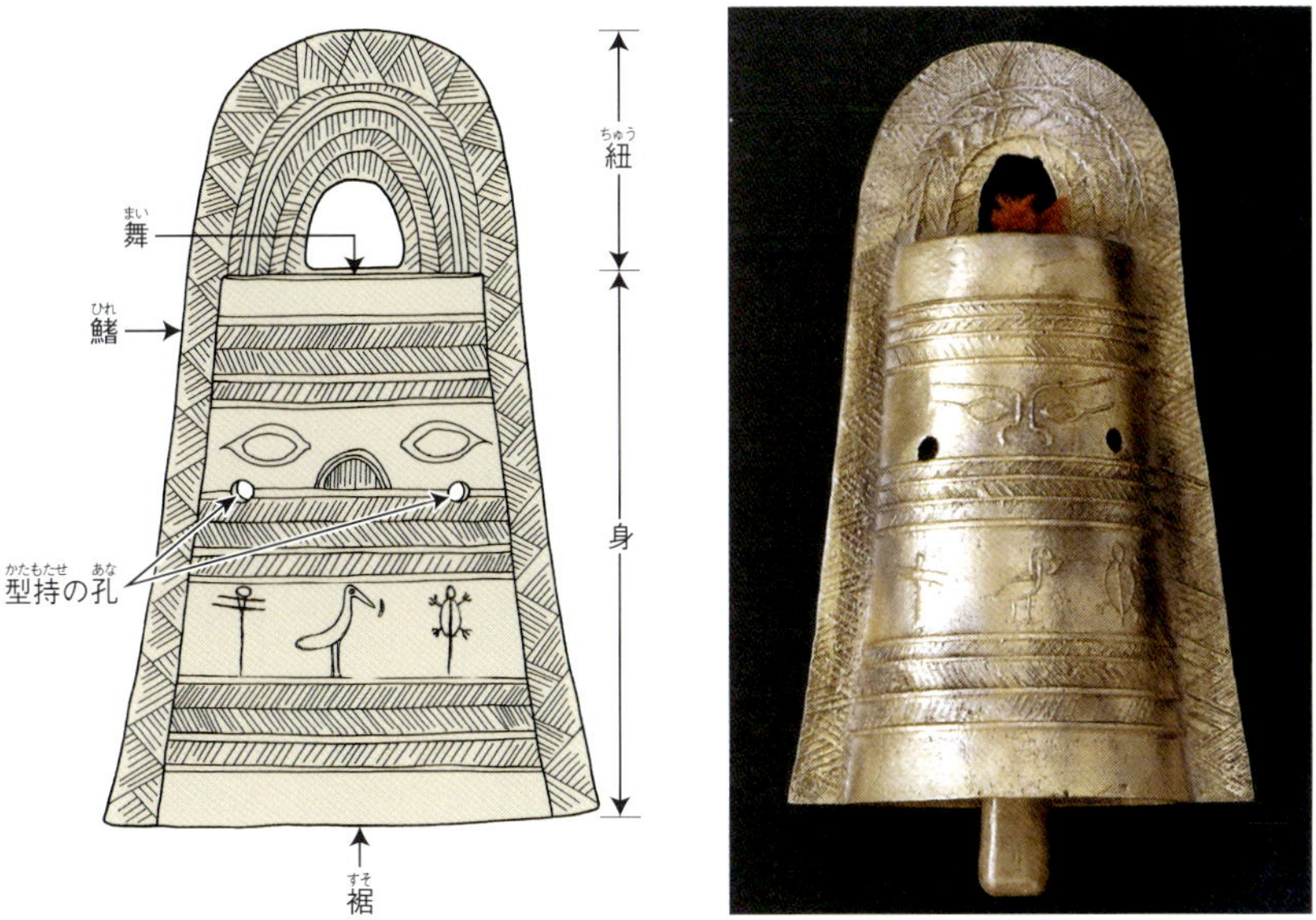

①銅鐸（右写真は復元の「舌」をつけた状態）

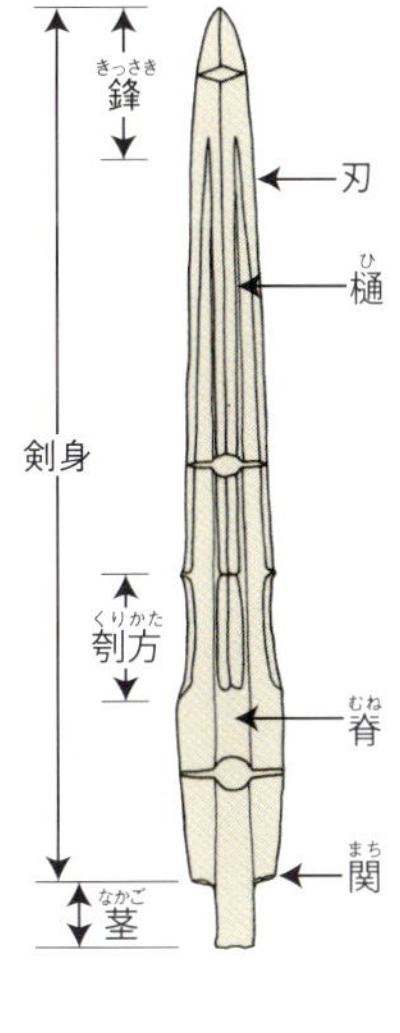

②銅剣

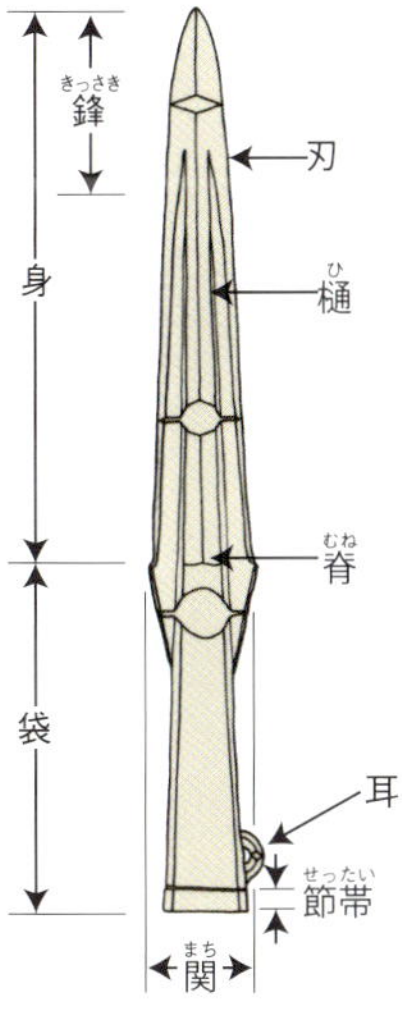

③銅矛

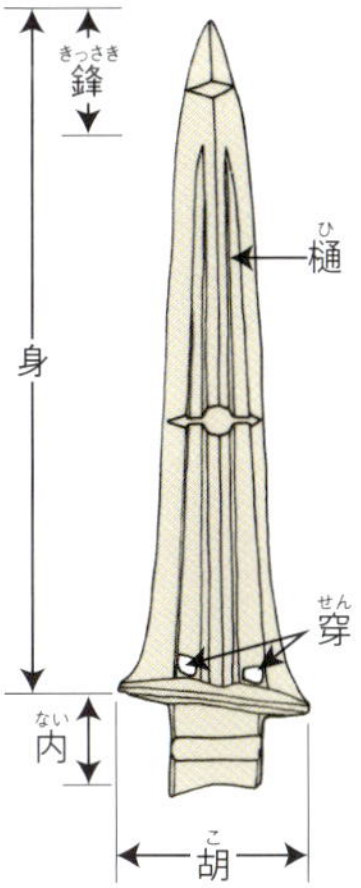

④銅戈

図3 ● 青銅器の種類と部位名称
弥生時代を代表する青銅器。上は銅鐸。下は銅剣・銅矛・銅戈で、
武器形青銅器と総称される。

第2章　安永田遺跡は青銅器工房だ

1　安永田遺跡の発掘

柚比遺跡群の範囲確認調査

安永田遺跡は佐賀県鳥栖市の柚比丘陵群にある（図4・5）。佐賀県と福岡県の県境を東西にはしる脊振山《せふりさん》系の佐賀県側、南麓東端にあたるのが鳥栖市である。福岡平野から二日市地狭帯《ふつかいちちきょうたい》を抜けて筑紫平野への開口部に位置する。その北東部、柚比町・今町地区一帯（現在はその多くが弥生が丘）は、標高四〇〜五〇メートルの丘陵が群在し、丘陵間には谷が入り込み、リアス式海岸のような地形となっている。その丘陵上の南北二キロ×東西三キロ内に三〇カ所もの遺跡が密集して分布しているのが「柚比遺跡群」である（図6）。

一九六〇年代後半、この地一帯にレジャーランドや住宅団地建設の計画がもち上がった。それは一九七三年にはじまった第一次オイルショックによる資材高騰で頓挫するが、こうした開発の動きもあって、鳥栖市教育委員会では一九七七年度より柚比遺跡群の範囲確認調査を一〇カ年計画で進めることにした。範囲確認調査とは、くわしい遺跡の分布調査のことで、開発予定地に対する直前の緊急調査ではなく、開発対象になる前に埋蔵文化財の状況を把握しておき、文化財行政主導のもとで開発計画者と調整するためのものである。地形から判断し、遺跡がありそうな場所に幅二メートルのトレンチ（試掘溝）を設けて発掘し、遺構・遺物の有無やその時期・性格などを明らかにしていく。

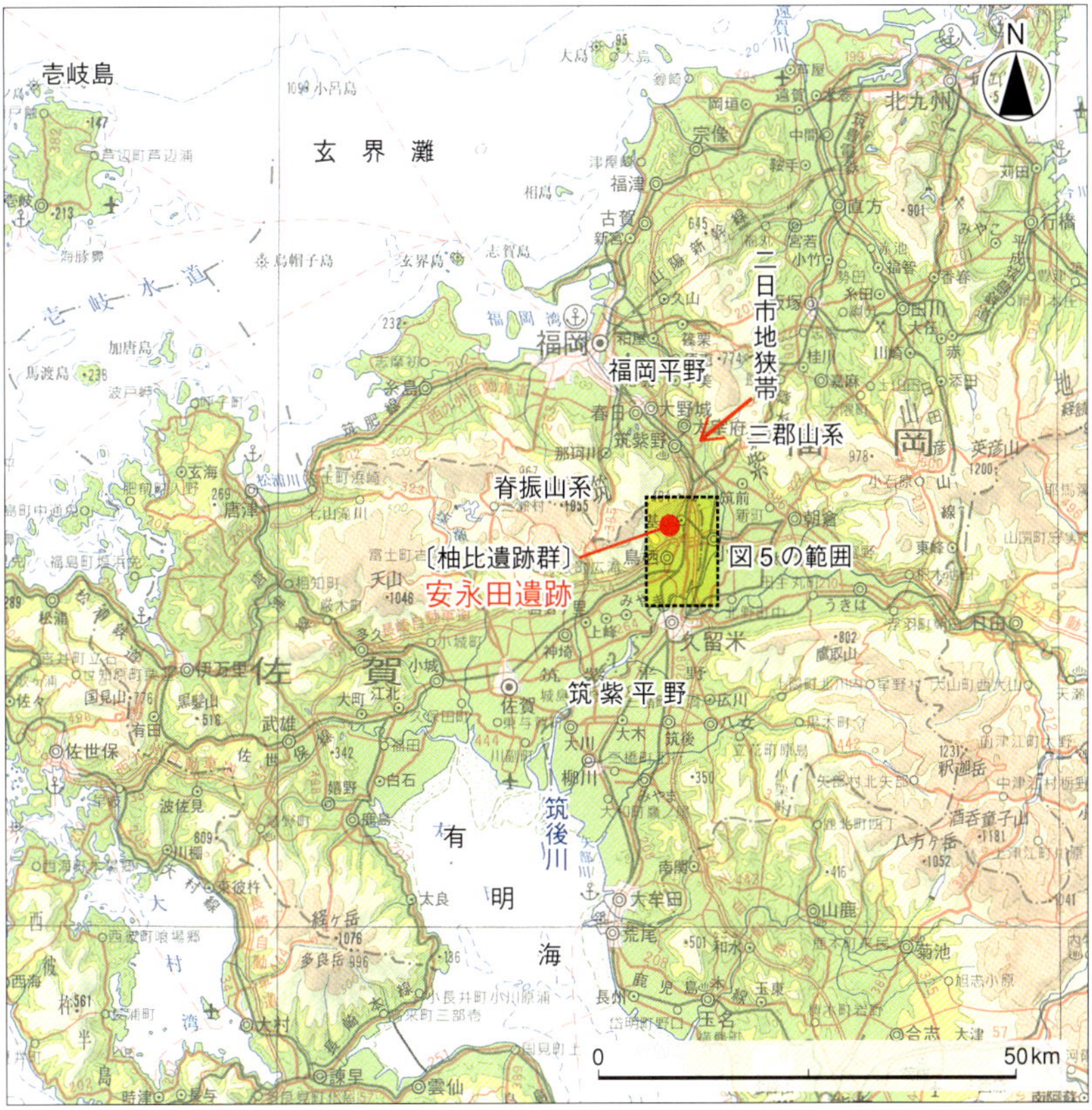

図４ ● 安永田遺跡の位置
福岡平野と筑紫平野を結ぶのが、脊振山系と三郡山系にはさまれた細長い二日市地狭帯。鳥栖市はその南西の出入り口にあたる。

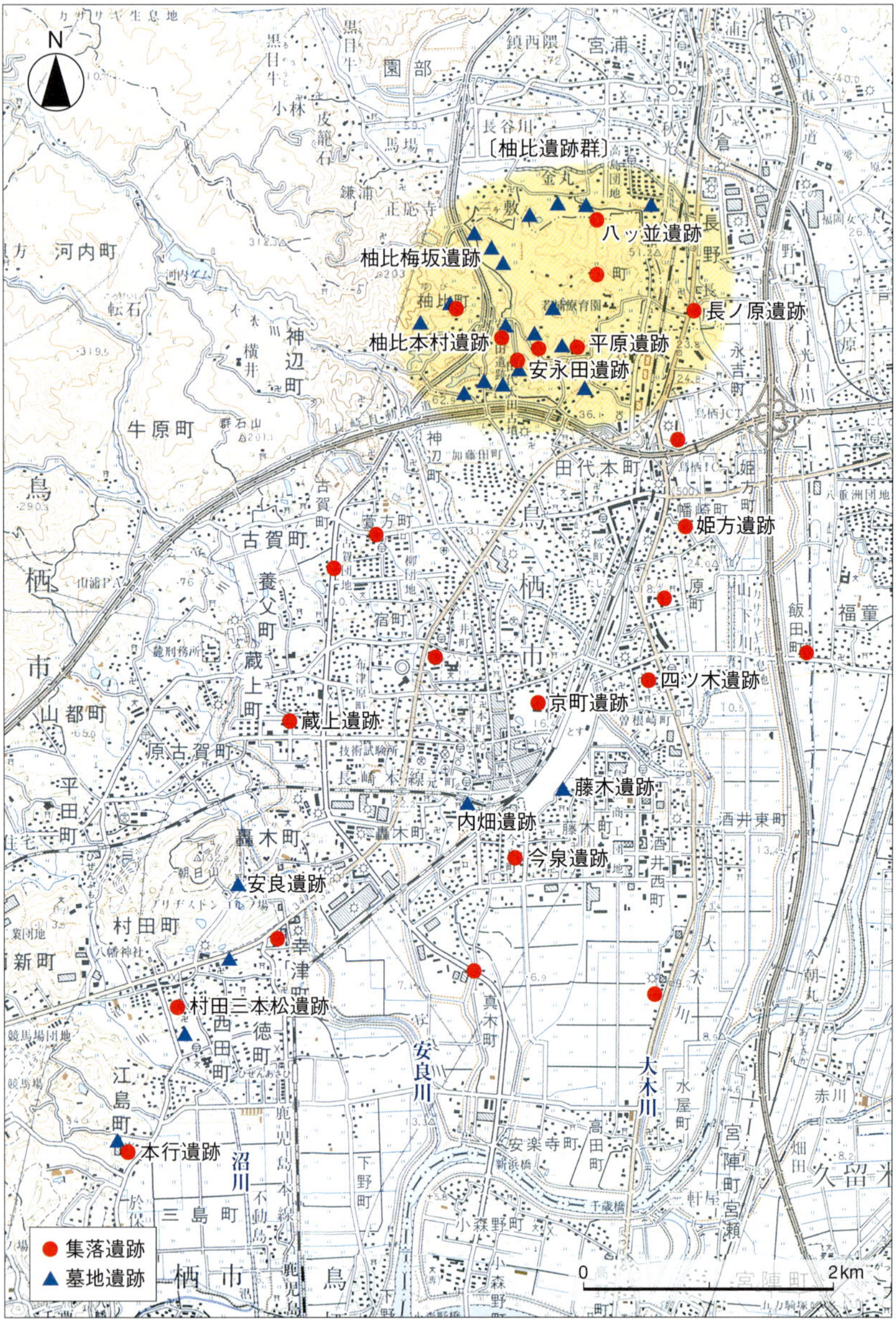

図5 ● 鳥栖市域の弥生時代中期の遺跡分布

北東部に集中するのが柚比遺跡群。図の中央部に位置する藤木遺跡は中期には墓地が多いが、後期には大規模な環壕集落となり、青銅器を生産する。本行遺跡は南西部に位置する。

安永田遺跡の調査はその第三年次として一九七九年に実施した。一九一三年に銅戈（図７）や鉄剣が出土したことでよく知られた遺跡で、その出土地点の確定ならびに遺跡の広がりと時期・性格をくわしく把握することを目標に、青銅器やそれに類する遺物の出土も期待しての調査であった。

かつて銅戈が出土した地点から周辺へ

調査は、銅戈などが出土したと伝えられる地点から開始した（図８）。この付近一帯は大規模な耕地整理がおこなわれ、出土地点と伝えられる場所は農業用水池である安永田溜池の堤防を築く土砂を採った場所だった。発掘してみると、はたして二メートル以上も削りとられ、遺構を確認することはできなかった。しかし、立派な成人用甕棺と考えられる大きな土器片が出土し、

図６●柚比遺跡群の主要遺跡（南から撮影）
開発前の航空写真。丘陵と谷とが複雑にからみ、谷あいには水田が、丘陵上には集落・墓地が営まれ、畑作もおこなわれていた。

銅戈や鉄剣はここの甕棺墓から出土したことが追認できた。

さらに西側の民家の庭や畑のなかの調査を進めると、やはり甕棺墓が数多くみつかった。住んでいる人たちに聞いてみると、この一帯では昔、牛馬が土中に落ち込み足をとられることが多かったそうである。甕棺墓内は空洞になっているため、牛馬がその重みで踏み抜いたのである。

つぎに東側の水田地区を調査した。稲刈りの終わった場所からはじめ、遺跡の東限を確認するため三カ所のトレンチを設定した。ここでは甕棺墓はみられず、七軒の竪穴住居跡が確認できた。一軒の竪穴住居跡は炭化物・焼土を大量に含み、床面が赤褐色で固く焼けていたことから、火事で焼失した住居なのかなと思いながら実測・写真撮影をおこない、土器片などの遺物をとり上げた。このとき、とり上げた遺物を洗ってみたら、冒頭に述べたように銅鐸鋳型片だったのである。

図8 ● 安永田遺跡付近の地図
銅戈出土地の土砂で安永田溜池の堤防が築かれた。
荻野公民館移転地の東側に狭く深い谷が入り込む。
その谷頭に銅鐸鋳型出土地点はある。

図7 ● 安永田遺跡出土の銅戈
1913年（大正2）出土。
現在は東京国立博物館所蔵（長さ25.6cm）。

本調査一年次

この竪穴住居跡からは、銅鐸鋳型片のほか砥石が二点も出土していたことから、青銅器を製作する工房跡の可能性をもっていた。そのため、翌一九八〇・八一年度の二年間にわたって本調査を実施することにした。

出土地点は、現在は水田で平らな地形となっているが、水田になる前は北方向から狭く深い谷がはいり込み、その谷頭をとりかこむように竪穴住居跡群が存在するだろうと想像できた。したがって、本調査はその部分、約四四〇〇平方メートルを全面発掘し、さらにその周囲約七五〇〇平方メートルをトレンチによる確認の調査をして、遺跡の広がりとその性格を解明することにした。

一九八〇年度の本調査一年次は、銅鐸鋳型が出土した竪穴住居跡を含めた谷頭西側の約二〇〇〇平方メートルを調査対象にした。まずバックホーで水田の耕作土をはぎとり、その後、作業員の手による本格的な発掘作業を開始した（**図９**）。一九一三年の耕地整理の際に谷を埋めた盛土ならびに遺物包含層が予想外に厚く、竪穴住居跡などの遺構検出までにかなりの時間をとられたが、この包含層からは大

図９ ● 安永田遺跡の発掘調査（1980年）
竪穴住居跡を掘りだすまでにかなりの時間を要したが、住居跡内から土器・石器・鉄器・砥石などの遺物がたくさん出土した。

量の土器片とともに、互いに接合する二個の銅矛鋳型、砥石に転用された銅矛の鋒《きっさき》部分と考えられる鋳型などが出土した。

図10 ● 安永田遺跡1年次本調査で出土した住居跡（東から）

図11 ● 青銅器工房の集落
北方向中央部に「炉跡状遺構」があり、それをとりかこむように鋳型や鋳造関連遺物を出土する竪穴住居跡・土坑が分布する。

鋳造に関連する遺構・遺物が出土

一年次調査の結果は、谷をとりかこむように竪穴住居跡が三〇軒みつかり（図10・11）、そのうち弥生時代の竪穴住居跡は二一軒あり、一軒を除きすべて中期後半から末にかけてのものだった。ほかの竪穴住居跡は七〜八世紀代のもので、調査区の西北隅に重なり合うように分布していた。この付近からは鉄滓が多量に出土した。

弥生時代の竪穴住居跡は調査地区の西側に密度が高く、東側部分はややまばらな分布となっている。16号竪穴住居跡のすぐ東には約一五〇センチのほぼ正方形をした方形土坑があり、土坑内からは焼土・灰土中に横につきささるような状態で、風を送るフイゴの羽口片が出土した（図12）。この羽口片は長さ一〇・三センチ、外径四センチ、内径（風道）約一センチで、これまで出土しているものとくらべると小さく、とくに風道の内径が二センチ以下というのはほかに類例がなく、フイゴの羽口と判断することはためらわれたが、内面は熱による剥落があり、加えて先端部と風道内が黒く変色していることなどからフイゴの羽口の一部と判断した。

もっとも谷底に近い一年次調査区の北東隅では、三×四・五メートルの長方形をした竪穴遺構がみつかり、赤白い焼土塊が

図12 ● 方形土坑のフイゴ出土状態
中央やや上にみえるパイプ状のものがフイゴの羽口片。
この方形土坑は鋳型を乾燥加熱する炉と推測した。

炭化物や灰土とともに出土したため、ここが青銅を溶解し鋳込んでいた場所と判断し「炉跡状遺構」とした（図13）。

つながった銅矛鋳型

一年次調査地の中央付近では、こぶし大から人頭大の石や赤く塗った祭祀用土器などが大量に埋まった土坑を三基検出した。床面は部分的だが焼けており、焼土・炭化物もみられた。

そのうちの一基からは、先に出土していた銅矛鋳型二点に続く先端部が出土し、三片で完全に一個体分となった（図14）。このような出土状態から、これらの土坑は青銅器製作にともなう祭祀をおこなっていたものと推定できた。

この銅矛鋳型片は三片を合わせると、長さ四九・三センチ、最大幅六・九センチ、最大厚三・九センチとなり、正面には銅矛の袋に相当する彫り込みだけがみられ、刃部や関《まち》の彫り込みはみられなかった。ただし、節帯《せったい》に相当すると思われる割付線が認められた。この鋳型は彫り込み面も焼けて変色していないことから、製作途中の未完成品の鋳型と考えることができた。銅矛鋳型は長さから「中細タイプ」に属すると判断できる。

ところが、さらに観察を進めていくと、側面にも銅矛の彫り込みがある。こちらは関幅七・

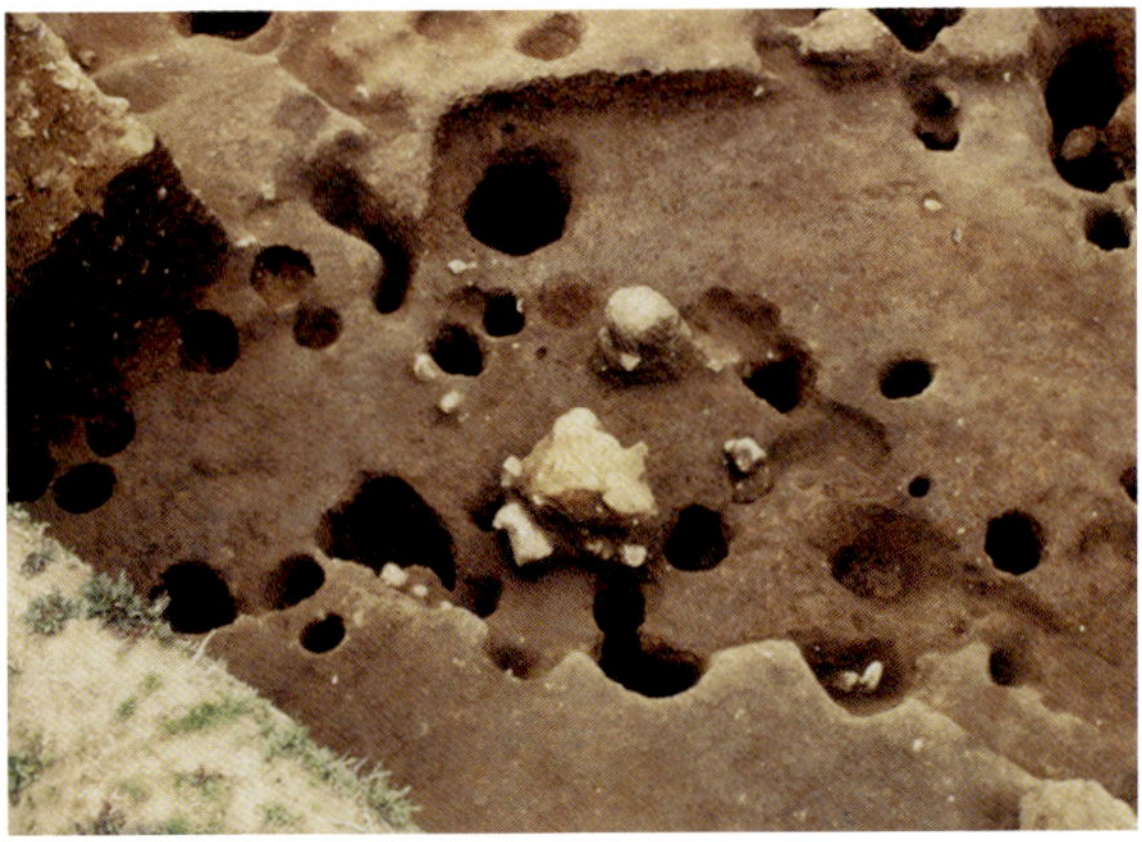

図13 ● 炉跡状遺構
写真中央部のうっすらと白くみえるのが焼土塊で、ここが青銅を溶かす工房跡と判断した。

六センチ以上、長さ七〇センチ以上の銅矛の鋳型の一部であることがわかった。関幅などの大きさや形状から判断して、「中広タイプ」に属する銅矛である。とすると、この鋳型は、「中広タイプ」の鋳造面がなんらかの理由で使われなくなった後、「中細タイプ」を側面に彫り込み、途中で放棄したことになる。小さくて細いタイプから大きくて広いタイプに変遷するという、それまでの青銅器の編年観とは相反するものとなり議論をよんだが、ほかに類例がなく検討は進まなかった。銅矛の袋を中空にするための「中子《なかご》」をつくる型押しではないかという意見も出された。

2　銅鐸鋳型がつぎつぎに出土

本調査二年次

一九八一年度の本調査二年次は、四月二一日より谷頭東側の約二四〇〇平方メートルを調査した。調査の目標は、前年度に出土しなかった銅鐸の鋳型や銅滓の確認、あるいは前年度出土した鉄滓の時期確定などである。

五月二五日、竪穴住居跡（47号）上面から、鈕部分の銅鐸鋳型が出土した。鋳型片は縦六・五センチ、横四・二センチ、最大厚二センチの大きさで、鈕の外縁には複合鋸歯文、内側の環の部分には綾杉文が二条刻まれていた（図15①）。

図14 ● 3片がつながった銅矛鋳型
鋳型正（上）面には銅矛の袋に相当する彫り込みがみられ、側面には中広銅矛の関から刃部にあたる身と樋の彫り込みがみえる。

銅鐸鋳型はその後、竪穴住居跡と土坑からさらに三個出土し、うち二個は同じ竪穴住居跡の炉内とその上面からだった（図15②③）。炉の上面から出土した②は身と鰭の部分で、銅鐸の中央部位に相当し、身には綾杉の横帯文上に縦線のはいった半円重圏文、鰭にはやはり複合鋸歯文が刻まれていた。炉内出土の③は熱による風化が著しいが、横帯文の上に半円重圏文がかすかにみえた。

土坑出土の銅鐸鋳型（図15④）は「餌をついばむ鳥」を彫り込んだ身の部分で、鳥は最初に出土した鋳型（図1）

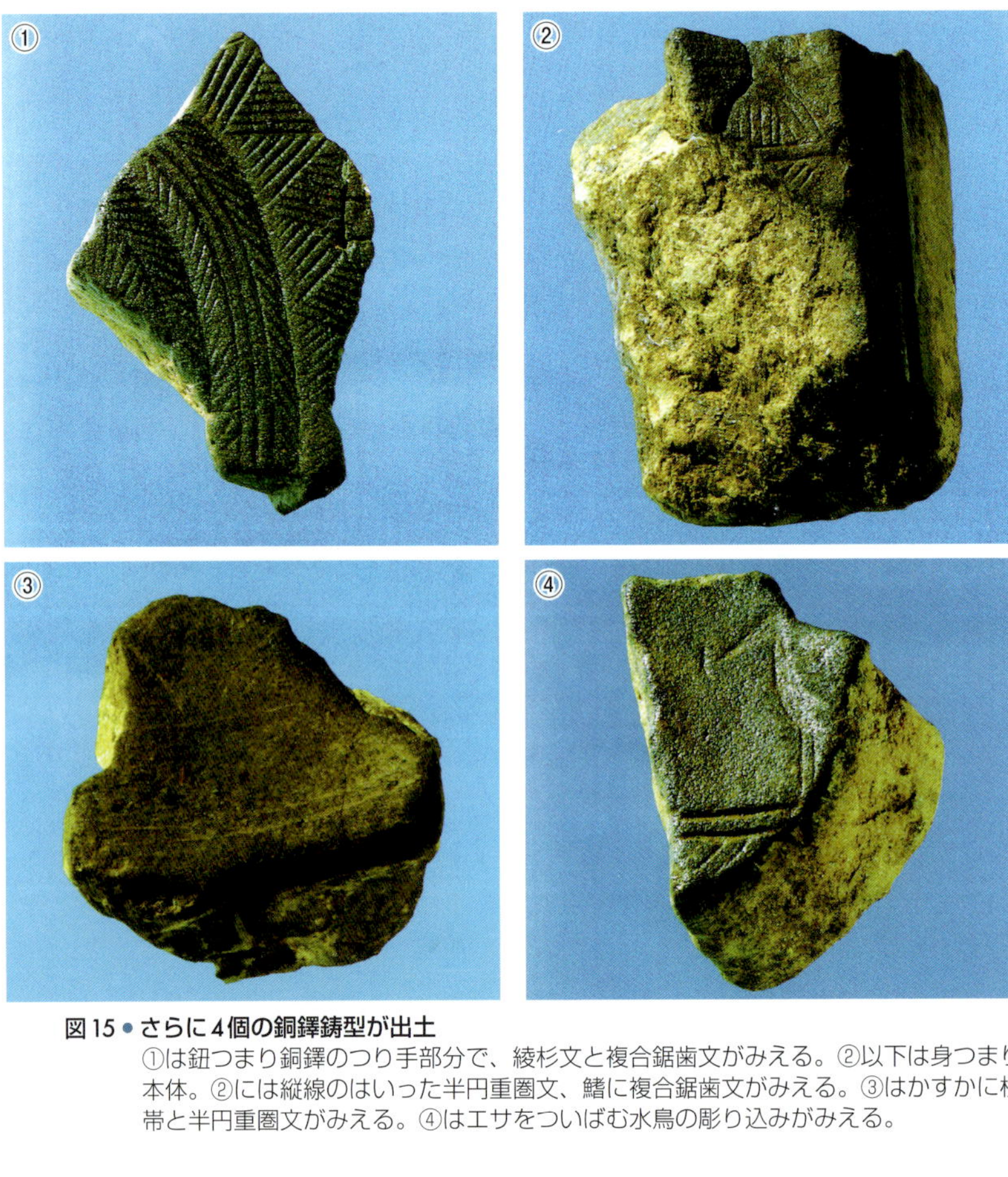

図15 ● さらに4個の銅鐸鋳型が出土

①は鈕つまり銅鐸のつり手部分で、綾杉文と複合鋸歯文がみえる。②以下は身つまり本体。②には縦線のはいった半円重圏文、鰭に複合鋸歯文がみえる。③はかすかに横帯と半円重圏文がみえる。④はエサをついばむ水鳥の彫り込みがみえる。

にあるのと同じ水鳥類でシラサギかと思われた。鳥が二羽となり、これで銅鐸鋳型の外型一組分に相当する二個体分の鋳型がそろった（図16）。

こうして二年次は、竪穴住居跡を二〇軒（うち一軒は一年次分と重複）検出し、一軒を除き時期はいずれも前年度と同じ弥生時代中期後半から末にかけてのものであった。他の一軒は弥生時代中期前半期のものであった。これで竪穴住居跡は一〇軒の七〜八世紀代の竪穴住居跡を含め合計四九軒となった。また鉄滓は七〜八世紀代のものであることが確定できた。

工房集落の広がり

また二年次には、調査地の南側で甕棺墓が三五基みつかった。弥生時代中期前半期のもので、工房の集落よりも古い時期のものだが、工房集落の時期にも、そこは墓地群であったことが意識されていたらしく、竪穴住居跡はみつからなかった。甕棺墓にともなう祭祀状土坑も三基みつかった。

集落の北限には幅約五メートル、深さ約二メートルの、断面が逆台形状の溝が東西方向にあり、溝内からは膨大な量かつ多種多様な

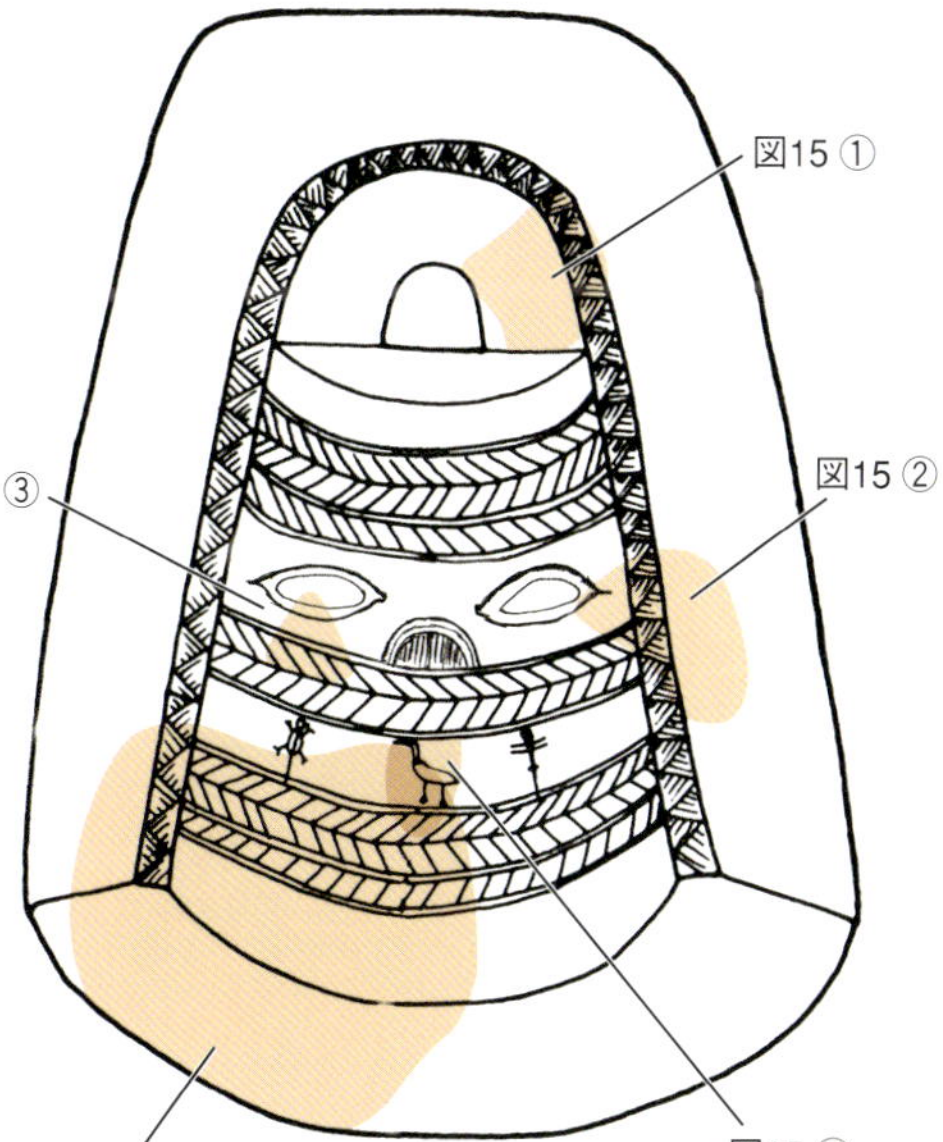

図16 • 出土した銅鐸鋳型片の該当箇所
眼の文様は出土していないが、広島県福田銅鐸（図20①）を参考に復元した。

祭祀用土器（図17）と多種類の石製品（石庖丁・石斧や細かい作業に使用する棒状の四面砥石など）や鉄斧や鉄ヤリガンナも出土した。土器は丹塗りの高坏・器台や甕・壺などがあり、弥生時代中期後半から中期末のもので、工房集落と同じ時期の溝であると判断できた。祭祀が終わった後で廃棄されたのか、あるいは溝に投げ込むことまでが祭祀行為に含まれていた。本調査一年次にみつかった祭祀土坑と考え合わせると、青銅器製作時も、祭祀をおこなうことはたいへん重要な意味をもっていたのであろう。

この溝は、北東方向にのびる丘陵を横断するように掘っていることから、集落の北限を区画する溝と考えられた。事実、溝の北東側つまり溝の外側には、弥生時代中期前半期の竪穴住居跡が一軒あっただけで、同じ弥生時代中期後半から末にかけての竪穴住居跡はみつからなかった。

区画溝は東側へも続き、溝の内側には竪穴住居跡が七軒以上確認でき、工房の集落がさらに東側へ広がることが判明した。しかし、その東側は造成工事で深い谷にかなりの盛土をおこない平地にしたと聞き、確認調査は断念した。弥生時代中期後半から末にかけての竪穴住居跡も地形に制限され、さほ

図17 ● 北限の溝から出土した祭祀土器
左は袋状口縁壺（高さ27cm）。右は瓢形土器とよばれる、下半は甕で上は壺の形をした土器（高さ41.6cm）。どちらも特異な形状の祭祀土器。

ど広がりはなく、二年間の本調査で工房集落の半分以上は発掘調査したと考えられた。

さらに二年後にも銅矛鋳型が出土

一九八三年には、銅鐸鋳型出土地点の西北に隣接する場所（荻野公民館移転地）を発掘調査することになった。調査の結果、銅矛鋳型片が一点出土した（図18）。鋳型は長さ約二四センチ、厚さ七・三センチ、鋳型面の幅一三・五センチ、反対面は幅九・三センチ、側面は丸みのある逆台形状である。彫り込み線は非常にシャープで完成度の高さを感じさせる鋳型である。

鋳型を彫り込んである面は黒く変色し、一部が剝落していることから、鋳造に使用したことがうかがえる。彫り込まれた銅矛の形は関幅一〇・二センチの中広形に属するタイプと判断できた。一九八〇年の本調査で出土した未成品銅矛鋳型の側面にみられた中広形銅矛鋳型と同じタイプである。

佐賀平野から筑後平野、さらに筑後川沿いには、関幅一〇センチ前後で長さ八〇センチ前後の研ぎ分けの綾杉文をもった中広形銅矛が数多く出土しており、研ぎ分けはなんのためか、生産地はどこか、分布が限定されるのはなにを意味するのか、と議論がおこなわれていた。この鋳型はその議論に一石を投じることになる。それについては第5章で述べよう。

図18 ● 1983年に出土した銅矛鋳型
関幅10.2cmの銅矛鋳型片。関から上は反りが反転し刃部（身）となる。樋の彫り込みもシャープである。

3 青銅器工房の時期

一九七九年の確認調査、さらに一九八〇・八一年の二年間にわたる本調査の結果として、安永田遺跡の銅鐸鋳型出土地点は「青銅器工房の集落」であることが明確となった。

その根拠は、以下のとおりである。

・銅鐸の鋳型が五個、銅矛の鋳型が五個（うち三個が接合し一個体分）出土した。
・集落のもっとも谷底に近い場所に焼土塊がある「炉跡状遺構」が検出された。
・製作過程にある銅矛鋳型の未成品が出土した。しかも祭祀土坑から出土した。
・フイゴの羽口片が方形土坑の焼土中から出土した。
・石器などの日常で使う生活用具類が少なく、土器も祭祀用土器が多い。また、鉄器・砥石も数量・種類ともに豊富である。

これまでに述べた結果から、安永田遺跡では銅矛はもちろんのこと銅鐸も製作し、「九州でも銅鐸がつくられていた」ことを明らかにした遺跡となった。さらに広島県をはじめ各地から出土した「福田型銅鐸」については、出土地にこのタイプの鋳型がみられないことから、「福田型銅鐸」を供給した工房ではないか、とまで考えられるようになった。

青銅器工房であった時期はいつだろうか。共伴する土器は弥生時代中期後半から中期末のものである。また、砥石や鉄器が出土した48号住居跡（図19・11参照）は長辺六・六×短辺四・七メートル（三〇平方メートル強）のやや大きな長方形をしており、多くが弥生時代中期後半期特有のものであることなどから、青銅器工房の時期は、弥生時代中期末もしくはその直前と判断することができた。

この弥生時代中期後半期の集落は、北方向に開いた谷頭に立地し、炉跡状遺構（図11・13参照）をとりかこむように分布している。鈕部分の銅鐸鋳型が出土した47号住居跡はすぐ近くにある。また、それに隣接するように土坑があり、ここからは餌をくわえた水鳥が描かれた銅鐸鋳型が出土している。そこからやや離れた42号住居跡からは、身から鰭にかけての銅鐸鋳型と、焼けて風化しているが横帯の上に半円重圏文を描いた身の部分の銅鐸鋳型が出土している。この二軒が銅鐸の鋳造工程に関連する住居跡と考えられる。

確認調査時に銅鐸鋳型が出土した16号住居跡は、谷頭から離れたもっとも高い部分にある。この住居跡に隣接するように方形土坑があり、焼土・灰土に突きささるようにしてフイゴの羽口が出土していることから、鋳型の乾燥・加熱に関する遺構かと考えられた。

また、安永田遺跡の七〜八世紀代の竪穴住居跡一〇軒からは鉄滓が数多く出土し、鉄器をつくる鍛冶工房が後の時代にも同じ場所で営まれていたことも判明した。鉄器をつくる工房も弥生時代と同じ立地を選んだのではないかと考えられる。

図19 ● 砥石・鉄器が出土した48号竪穴住居跡
弥生時代中期後半代の典型的な長方形の竪穴住居跡。
中央に炉、四隅に柱穴、壁際に屋内貯蔵穴をもつ。

第3章　広がる青銅器工房

1　福田型銅鐸を追う

福田型銅鐸の発見例

安永田遺跡でみつかった五個の銅鐸鋳型は、いずれも「辟邪文系の横帯文銅鐸」、つまり「福田型銅鐸」といわれる範疇に入るもので、大きさ・文様ともによく似ており、鰭や鈕の外縁部分には複合鋸歯文が刻まれていた。

「辟邪」とは「邪悪に対してにらみをきかし悪霊を防ぐ」ことだが、一般に邪悪をとり除くことを意味するようになった言葉である。福田型銅鐸（図20）の多くは、横帯で区切った上段に「眼」を文様化したものを描いており、「邪視文銅鐸」ともよばれていた。下段には鳥を描いているものも多い。鰭や鈕の外縁部分に必ず複合鋸歯文を刻んでいるのも福田型銅鐸の特徴である。「鋸歯文」もまた「敵からの攻撃に対する辟邪つまり魔除け」として使われる文様だ。

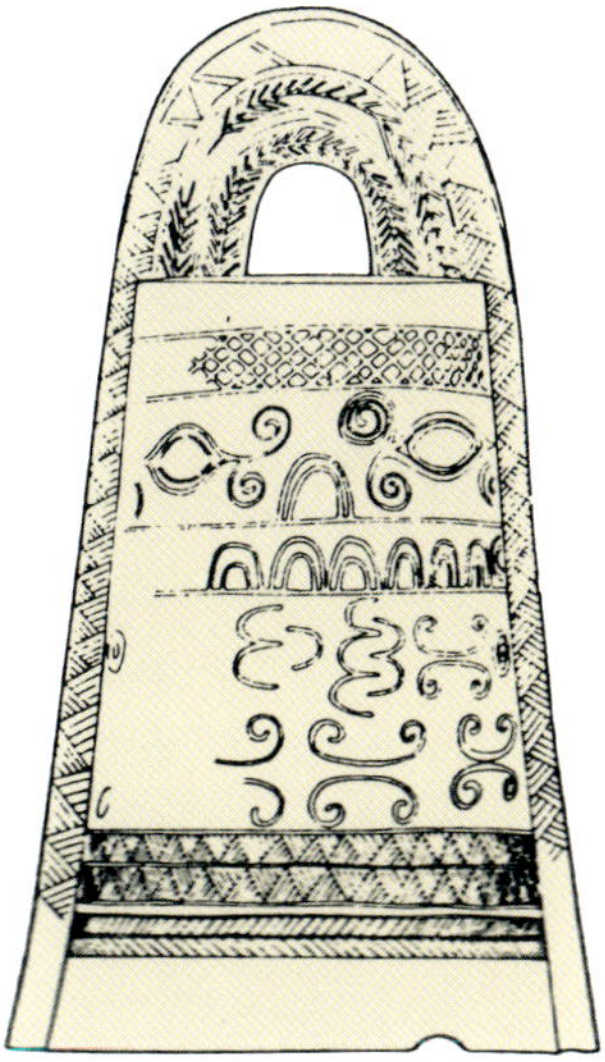

①広島県福田銅鐸

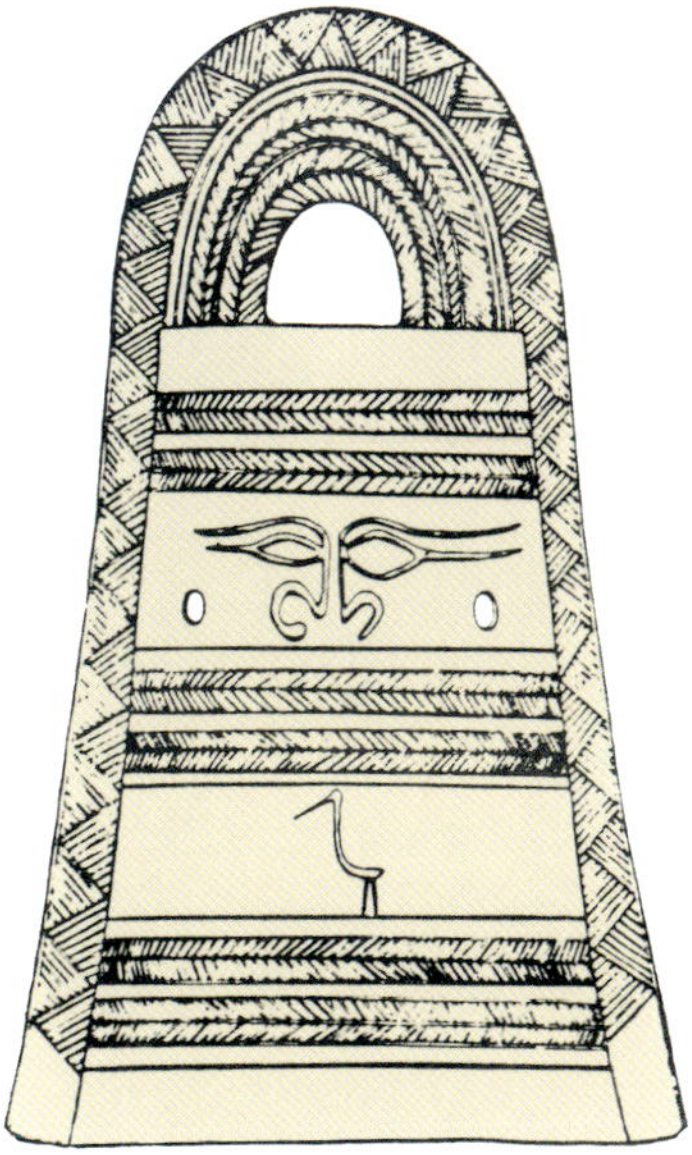

②伝島根県（出雲）銅鐸（復元）

③岡山県足守銅鐸

④伝鳥取県（伯耆）銅鐸

図20 ● 福田型銅鐸の事例

安永田遺跡で銅鐸鋳型が発見されるまでは、福田型銅鐸は４例が知られていた。伝島根県銅鐸は復元高26㎝だが、ほかはいずれも20㎝以下。

安永田遺跡の発見前にみつかっていた福田型銅鐸は、銅鐸分布圏の西端の山陽・山陰地域で四例だった。

「広島県福田銅鐸」は辟邪文銅鐸の代表例である（図20①）。高さ一九・五センチ、身の幅九・八センチで、身は一条の綾杉文と二条の複合鋸歯文や半円重圏文・斜格子文で二段に区画している。上段にはやや抽象化された辟邪文と渦巻文・半円重圏文を描き、下段には蕨手文に近似した文様を描いている。鰭には複合鋸歯文がある。同地では銅剣・銅戈もともに出土している。

「伝島根県（出雲）銅鐸」（図2・20②）は松江市宍道町の旧家に伝わるもので、鈕上部が失われているが、現状で高さ二二・三センチ、身の高さは一九・三センチ、身の幅一三・五センチで、身は三条の綾杉文の横帯で二段に区画し、上段に眉・眼・鼻まで描写したかなり具象的な辟邪文があり、下段に首が長いので鶴と判断される鳥を描いている。鰭は複合鋸歯文を刻む。

「岡山県足守銅鐸」（図20③）は岡山市北区足守町出土で、高さ一七・四センチ、身の幅一三・七センチ、身には一条半の綾杉文と斜格子文の横帯が交互にあり三段に区画してある。上段には眼だけの辟邪文と半円重圏文、中段には連続渦巻文（波文）と連続する半円重圏文、下段にも連続渦巻文を描いている。鰭に複合鋸歯文がある。

「伝鳥取県（伯耆）銅鐸」（図20④）は辰馬考古資料館所蔵で、高さ一九・七センチ、身の幅一〇・九センチ、一条の綾杉文・複合鋸歯文・斜格子文で二段に区画し、上段にさらに抽象化されてそれと認められないまでになっている辟邪文と半円重圏文に鶴とみられる鳥、下段には連続渦巻文を描いている。鰭にはやはり複合鋸歯文がある。

安永田の工房でつくられた銅鐸の復元

以上がこれまでに発見されていた福田型銅鐸であるが、共通する特徴として、

・大きさは、高さが二〇センチ～三〇センチ前後、身の幅が一二センチ前後である。
・身は綾杉文・斜格子文・鋸歯文などの横帯で二～三段に区画してある。
・区画内には「辟邪文」・鶴あるいは水鳥・半円重圏文・渦巻文などを描き、具象から抽象へという流れが考えられる。
・鈕の環の内側には二条の綾杉文を描いている。
・鰭には鋸歯文が多用されるが、福田型銅鐸は双方向から刻みを入れる複合鋸歯文である。

安永田遺跡出土の銅鐸鋳型もこれらの特徴がほぼ共通しているが、これらの共通項にもとづいて全体像を復元してみたい（図21）。

①大きさは、鋳型鋳造面の横の曲線から推定して身の最大幅九・五センチ（鰭まで含むと約一二センチ）で、もっとも小さい広島県福田銅鐸よりもさらに小さく、高さは一九センチ前後となる。

②文様は、横帯の文様はいずれも綾杉文で二ないし三段に区画し、二段ならば下段にシラサギ類とトンボもしくはト

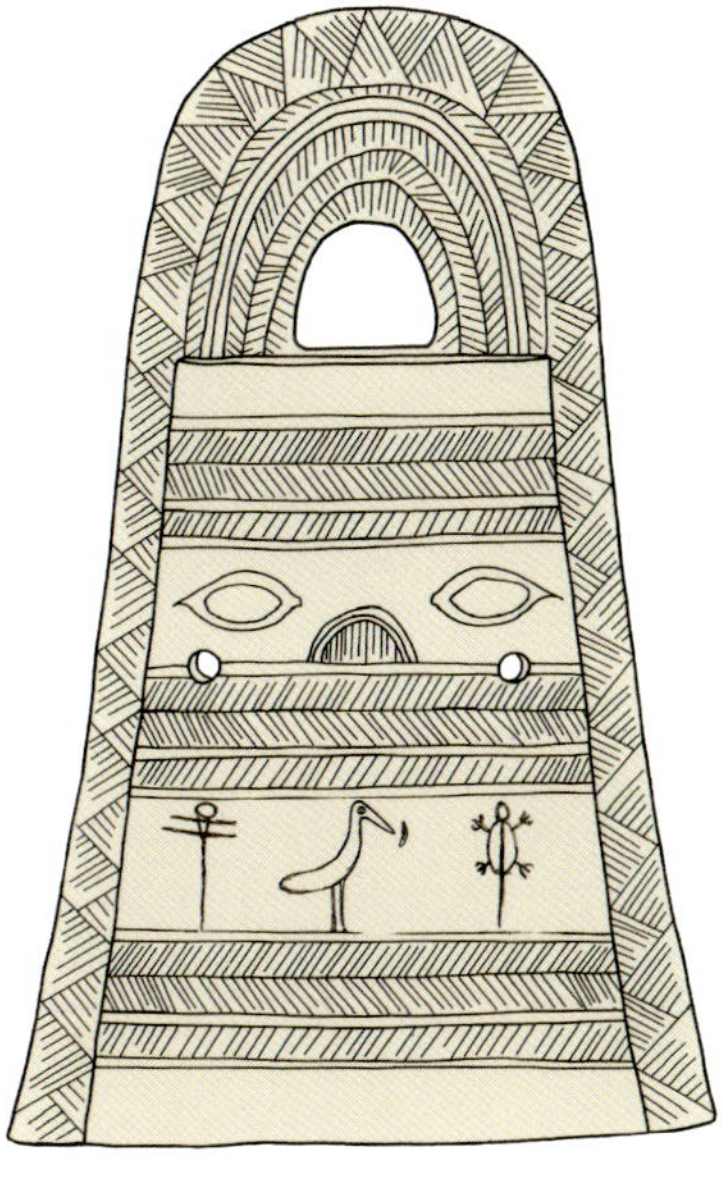

図21 ● 安永田銅鐸の推定復元図
高さは19cm前後として復元。綾杉文で2段に区画し、上段に辟邪文と半円重圏文、下段に水鳥とトンボもしくはトカゲを描く。

カゲの尻尾らしき線を描き、上段に辟邪文を描く。

③横帯で三段に区画しているならば、42号住居跡から出土した横帯の上に半円重圏文を描いた鋳型から推定して、中段に半円重圏文を描いているだろう。

福岡平野でも福田型銅鐸の鋳型が

安永田遺跡の銅鐸鋳型発見から二年後の一九八二年四月、福岡市赤穂《あこう》ノ浦《うら》遺跡の弥生時代中期後半〜後期の包含層から銅鐸鋳型片が出土した（図22）。

鰭にはやはり複合鋸歯文があり、身の横帯には斜格子文があり、その下に鹿と三本の釣針状文様を彫り込んでいる。鋳造面の曲線から推定できる最大身幅は約九センチ、身厚は約五・七センチである。高さは復元できないが、横帯文銅鐸の範疇内におさまる大きさと考えられ、鰭に複合鋸歯文あることから福田型銅鐸の可能性大である。

図22 ● 赤穂ノ浦遺跡出土の銅鐸鋳型
大きさは縦8.8cm・横7.9cmの破片。斜格子横帯の下にはシカと釣針という特異な文様をもつが、鰭にはやはり複合鋸歯文がある。

荒神谷・吉野ヶ里遺跡でも福田型銅鐸が出土

さらに二年後の一九八四年七月、今度は島根県簸川《ひかわ》郡斐川《ひかわ》町（現・出雲市）の荒神谷《こうじんだに》遺跡で銅剣三五八本が出土し、考古学関係者のみならず社会全体にもセンセーショナルな驚きをもって報道されたが、翌八五年七月、周辺にも青銅器がないか磁気探査をおこなったところ、銅剣出土地点からわずかに離れた場所から銅鐸六個と銅矛一六本が出土した。このうち一号鐸（図23）は高さ二三・四センチで、身は四区袈裟襷文、片面には半円重圏文、他面には斜線を組み合わせた市松文様がみられるなど特異な文様をもった銅鐸だが、鰭に複合鋸歯文がみられることから福田型銅鐸に類縁性をもつものと考えられ、北部九州産の可能性があるといわれている。

一九九九年には、今度は吉野ヶ里遺跡の大曲《おおまがり》一《いち》の坪《つぼ》地区から銅鐸そのものが出土し、これもまた大きな話題となった（図24）。銅鐸は鈕を下にした倒立した状態で埋納されていた。鈕の断面は扁平に近く、外側に複合鋸歯文、内側に綾杉文二条を描いている。鐸身には三条の綾杉文と直線で区切った二区横帯文である。

図24 • 吉野ヶ里遺跡出土の銅鐸
この銅鐸の出土で、九州でも銅鐸を使った共同体の祭祀をおこなっていたことが判明した。

図23 • 荒神谷遺跡出土の１号銅鐸
高さ23.4cmで、身は４区袈裟襷文だが、鰭には複合鋸歯文がある。

横帯文間には辟邪文など文様はみられない。鰭は鈕外側に連続する複合鋸歯文である。

推定総高は二八センチ、身の高さは一九・四センチで、「伝島根県（出雲）銅鐸」の数値とほぼ同じである。内面凸帯はかなり磨り減っていると報告されている。その大きさや鰭を飾る文様の特徴から、これまで山陰・山陽で発見された福田型銅鐸と同じタイプのものだった。

さらにその後の調査で吉野ヶ里銅鐸は、伝島根県（出雲）銅鐸と同じ鋳型でつくられた兄弟鐸であることが判明した（**図25**）。

安永田遺跡の銅鐸鋳型の発見により、旧来の「銅鐸文化圏」「銅剣・銅矛文化圏」という青銅祭器分布圏の見直しをめぐる論争がはじまり、多くの研究者がさまざまな考え方を示し、分布圏論争が進められたが、荒神谷遺跡からの銅剣・銅矛・銅鐸の発見、吉野ヶ里遺跡からの鋳造関連遺物と銅鐸そのものの発見などにより、論争はさらに進展した。

つまり、九州でも、つくるだけではなく、銅鐸を使った祭祀を確実におこなっていたといえるようになったのである。さらには、九州と山陰・山陽、とりわけ出雲とのつながりが注目されるようになった。くわしくは第5章でみることにしよう。

図25 ● 吉野ヶ里銅鐸と伝島根県銅鐸は兄弟銅鐸
黒＝吉野ヶ里銅鐸、赤＝伝島根県銅鐸。2つの銅鐸の実測図を重ねてみると「辟邪文」と水鳥の有無はあるが、みごとに一致し、兄弟銅鐸であることが判明。

2　青銅器の一大生産地・柚比遺跡群

柚比遺跡群の大規模発掘調査

すでに述べたように鳥栖市教育委員会は、一九七七年度から柚比遺跡群の範囲確認調査を進めていたが、その調査も終わりに近づいた一九八四年、周辺地域が通産省（当時）のテクノポリスシティ構想の指定地となり、新都市開発がおこなわれることになった。

範囲確認調査と本調査二カ年の結果にもとづき、国史跡となった安永田遺跡一帯はもちろん開発計画からはずされ、そのほかにも柚比遺跡群のなかで弥生時代のもっとも古い集落と墓地があることから母村的性格をもち、奈良時代には高床倉庫跡群も確認された約八ヘクタールの八《や》ッ並《なみ》遺跡と、甕棺墓群と群集墳が集中してみつかった柚比梅坂《ゆびうめさか》遺跡の約四ヘクタールが、まず公園として保存されることとなった（図5・6参照）。

そして開発面積二五〇ヘクタールのうち約六五ヘクタールを全面発掘による本調査をおこなうこととなり、一九九一年度から佐賀県を中心とした調査チームによる発掘調査がはじまった。

細形銅戈鋳型の出土

安永田遺跡から本川川《ほんごうがわ》が流れる谷をはさんで東側の丘陵地にある、平原《ひらばる》遺跡（図6参照）の弥生時代中期はじめの住居跡から、細形銅戈の鋳型片が出土した。鋳型の側面には砥石として転用した痕跡もみられた。

これまで柚比遺跡群での青銅器生産のはじまりは、安永田遺跡での弥生時代中期後半の中広段階だと考えていたが、この発見によって中期はじめにさかのぼることになり、北部九州で青銅器生産がはじまったころに、柚比遺跡群でも青銅器生産がはじまったことがわかった。

さらに、隣接する大久保遺跡から細形銅戈の鋳型が出土し、驚いたことに先に出土した平原遺跡の銅戈鋳型片と接合し（**図26**）、長さは約一五センチとなり、さらにくわしい状態をつかむことができた。この鋳型も砥石に転用していた。

平原遺跡と大久保遺跡から出土した銅戈鋳型のように、鋳型石材は使えなくなると砥石に転用している。この銅戈鋳型は幸いにも原型がわかる状態だったが、完全に砥石として使いきった場合には、鋳型の痕跡は残らないことになる。このようなケースは多かったのであろう。

なお、大久保遺跡からは甕棺などを焼成した土坑がみつかった（**図27**）。土坑の上層は焼土と灰が混じった炭化物がつまっていて、底は強い火を受けて硬くなり、内部からは甕棺片や粘

図26 ● 平原・大久保遺跡出土の細形銅戈鋳型
左が大久保遺跡、右が平原遺跡出土の細形銅戈鋳型。隣接はするが2カ所の遺跡から出土した鋳型が接合しためずらしい例。

図27 ● 大久保遺跡の土器焼成遺構
遺構の大きさは横3.69×縦2.68m、深さ0.59m。見えているのは甕棺用の大形土器で、焼成中だったようだ。

土塊が出土した。「土器工房」であろう。また、ベンガラを焼いた小さな炉跡もみつかり、子どもの手のこぶし大のベンガラの塊が炉内から出土した。

柚比本村遺跡出土の中細形銅戈鋳型

安永田遺跡から北へ一カ所の丘陵と二カ所の谷をはさんだところにある柚比本村遺跡（図６参照）からは、弥生時代中期前半期の墳丘墓（図28）と、それにともなう大規模な祭祀遺構がみつかった。

墳丘墓には最初に木棺墓が埋葬され、それをとりまくように甕棺墓四五基が埋葬されていた。祭祀遺構は墳丘墓近くに拝殿が、その延長線上に大型建物の祭殿が、背後に大量の祭祀土器の廃棄坑がみつかった（図29）。

墳丘墓には青銅器の副葬品をもつものがあり、銅剣六本・青銅製把頭飾《はとうしょく》（剣の柄頭《つかがしら》の飾り）二点・石製の把頭飾一点・赤漆玉鈿装鞘付銅剣《あかうるしぎょくでんそうさやつきどうけん》（玉で飾った赤漆鞘のついた銅剣）などが出土した（図30①③）。

図28 ● 柚比本村遺跡の墳丘墓
左手上方が木棺墓。側面をおおっていた石材がみえる。割竹状の木棺内部からは、細形銅剣１・石製柄頭飾１・剣柄金具が出土した。周囲からは青銅器を副葬した甕棺墓を含めて45基が検出された。

これは中期前半期におけるこの地区の王墓とよべるもので、その王墓に対する拝殿・祭殿と考えられる建物跡があり、「祖霊祭祀《それいさいし》」の様相を、その直前に確認された吉野ヶ里遺跡や福岡市の吉武高木遺跡の王墓群とともに明らかにすることができた。

そして柚比本村遺跡からも、中細形銅戈の鋳型が出土した（図30②）。残存長九センチ、樋には綾杉文、柄に差し込むための内には二条の線刻があり、鋳型面は黒変しているため鋳造をおこなったようで、首長層に属する青銅器工房の存在をうかがわせた。

前田遺跡からは魚の形を彫り込んだ鋳型が出土

安永田遺跡の北側にある丘陵上の前田遺跡（図6参照）からは、魚の形を彫り込んだ鋳型が出土した（図31）。この青銅器は日本列島内では類例がなく、何かはわからないが、中国には「魚幣《ぎょへい》」という魚の形をした墓の副葬品があり、それに類似するものでないかという意見も出た。この遺跡からは中期前半

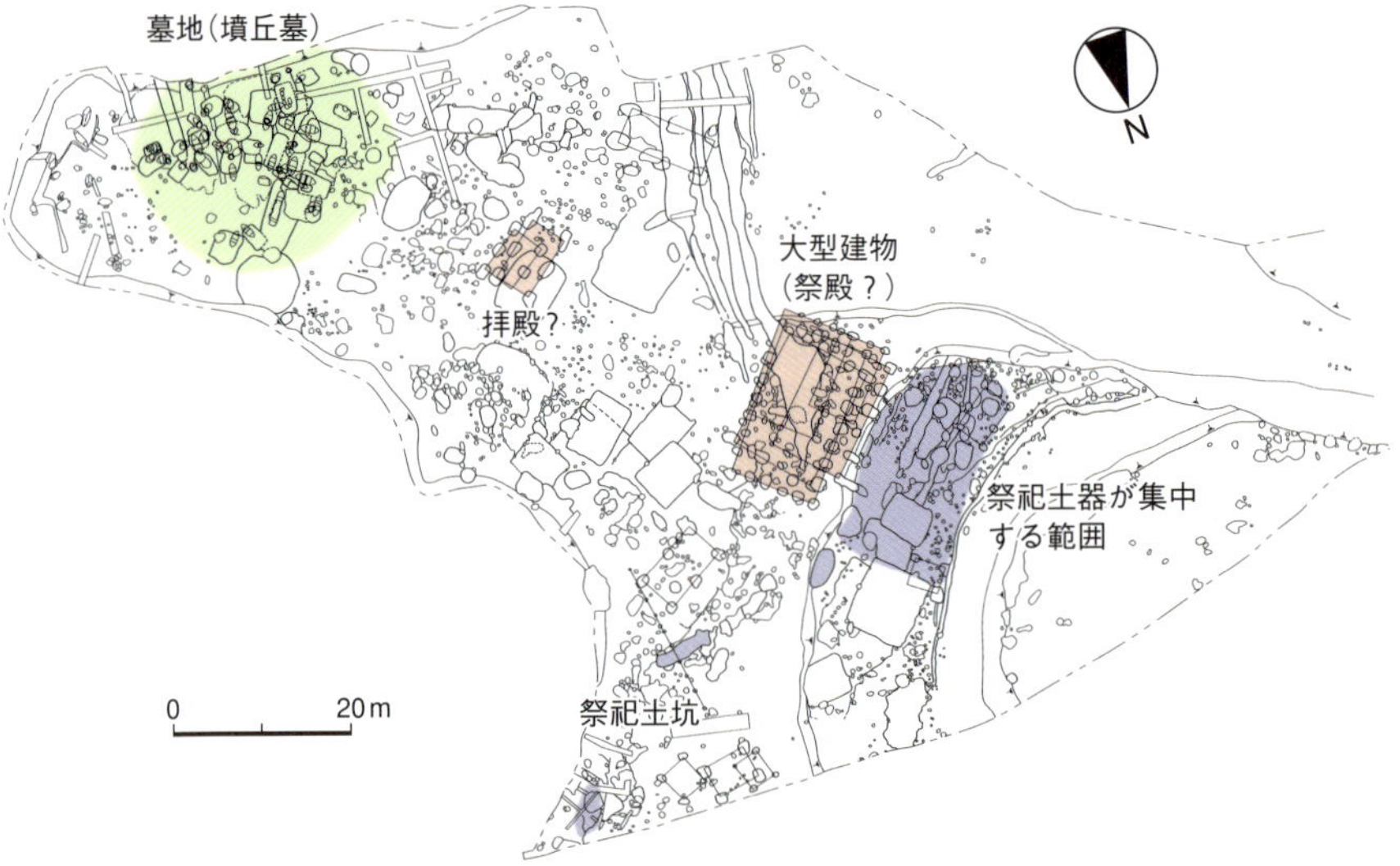

図29 ● 柚比本村遺跡の祭祀遺構配置図
弥生時代中期はじめに築かれた祖霊の墳丘墓に対する拝殿があり、さらに祭祀土器を廃棄した土坑を後ろにもつ大型建物の祭殿が一直線にならぶ。祭殿は5回建て替えられている。

①銅剣と石製把頭飾

②銅戈鋳型

③復元した赤漆玉鈿装鞘付銅剣の出土状態と復元品

図30 ● 柚比本村遺跡の出土品
①の右から２番目が木棺墓出土、他の５例は甕棺墓出土。

図31 ● 前田遺跡出土の魚の形を彫り込んだ鋳型
ほかに類例がない鋳型。左側に湯を注ぐ湯口があるので鋳型と判断される。

の土器とともにフイゴの羽口片も出土した。

以上の調査結果により、柚比遺跡群一帯では青銅器の生産開始のころから連綿と続いて青銅器をつくっていたことが判明したのである。

3 柚比遺跡群以外にも工人集落が

本行遺跡からも鋳型がぞくぞくと出土

鳥栖市の南西部、江島《えじま》町字本行《ほんぎょう》に本行遺跡がある（図5参照）。平野部をのぞむ丘陵群の東端部に立地し（図32）、一九九一年から四カ年かけて約三万平方メートルを発掘調査した。

調査を開始してすぐに丘陵斜面地から弥生時代中期前半期の土器片が多量に出土した。土器などの捨て場と思われる。そのなかに砥石のようだが、表面が黒く変色したものがみつかった。とり上げてみると、細形銅矛の鋳型だった（図33）。黒い部分は鋳型の鋳造面で、しかも裏面も銅剣の鋳型として使用していた。長さ一〇・七センチの両面の鋳型片（1号鋳型）である。

さらに丘陵斜面部分の発掘作業を進めたところ、銅剣と中細形銅矛の両面鋳型（2号鋳型）が出土した。銅矛鋳型の横には、いままでに製品の出土例もなく使用目的も定かではない「瘤つき棒状」としか表現できないような彫り込みもある。

調査対象地の丘陵は南北に長く、南側のやや高い丘陵部と北側の広い平坦部に大きく分けられるが、南側の丘陵頂部付近からさらに、ヤリガンナの鋳型（3号鋳型）と中細形銅剣の両面鋳型（４号鋳型）が、細片なので判断しづらいがやはりヤリガンナと細形銅剣の両面鋳型（５号鋳型）、中細形銅矛鋳型（６・７号鋳型が接合）などが相次いで出土した。

その後さらに、瘤つき棒状の鋳型（９号鋳型）も出土した。この鋳型は滑石製で、四つの側面すべてに鋳型を合わせるための「合い印」が刻んである、完形で割れていない鋳型だった。また、やや黒く変色し、両面とも砥石として使っていたようで、片面に銅剣の脊らしい彫り込みが認められる鋳型（10号鋳型）が土坑から出土した。切断されて長さは四・六センチとなっていた。

銅鐸鋳型片も出土

また本行遺跡からは、これらの遺構・遺物とくらべて時期は下るが、弥生時代後期にあたる大溝がみつかり、それは南側の集落にともなう環壕と考えられた。

環壕内からは大量の弥生土器とともに内《ない》行花文仿製鏡《こうかもんぼうせいきょう》・小銅鐸・銅鋤先《どうすきさき》などの青銅

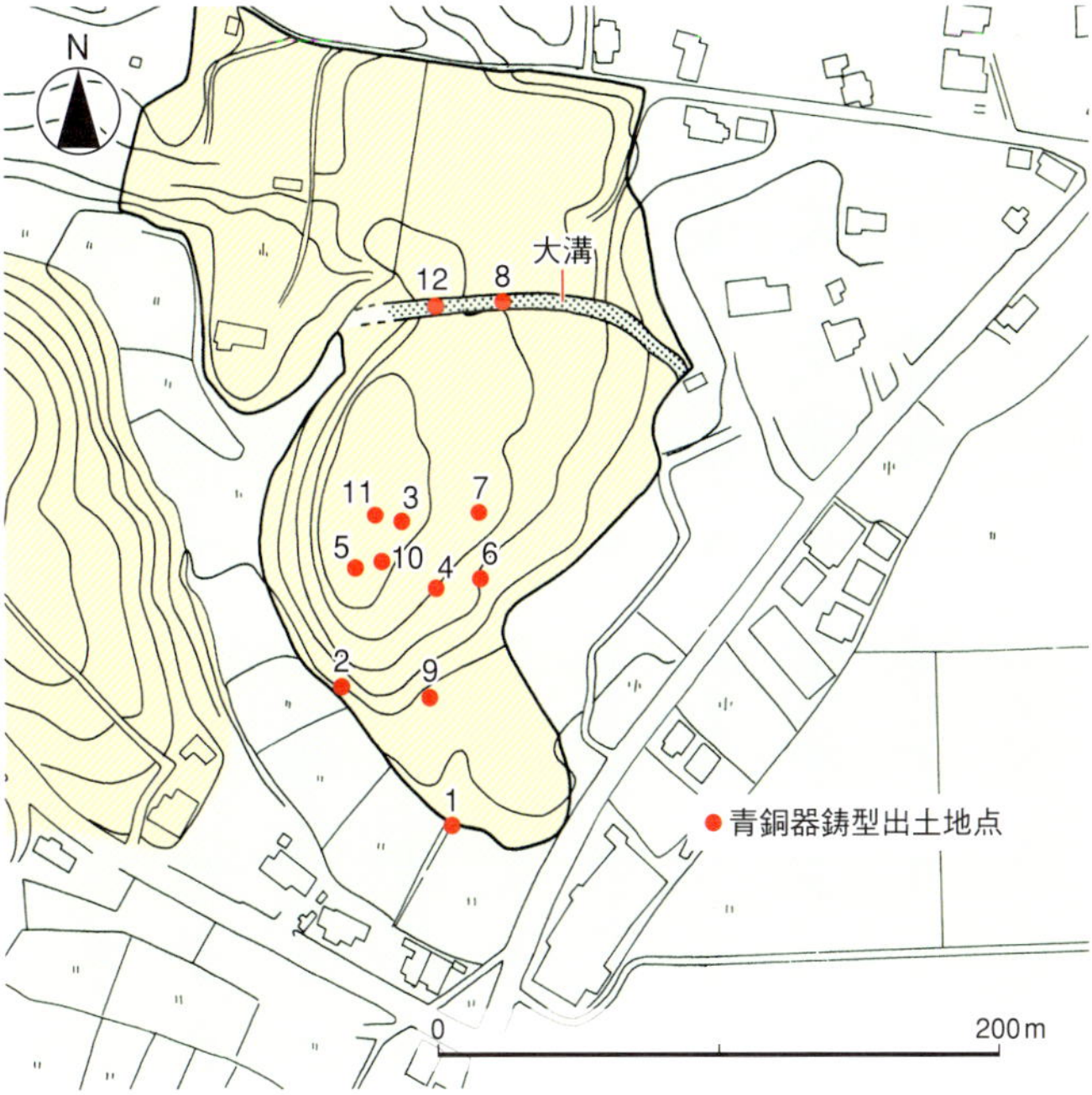

図32 ● 青銅器製作工人の集落、本行遺跡
後世に丘陵地に瓦工場が建設されたため、鋳型類は遺構ではなく各所に散乱した状態で出土。8・12号鋳型は弥生時代後期の大溝から出土。

器類が数多く出土した。青銅器を使った祭祀がおこなわれていたのであろう。この大溝からは中細形銅矛と思われる鋳型片（8号鋳型、図34）も出土した。本行遺跡ではめずらしく一面のみの鋳型で、石材は滑石の一種だった。

大溝の発掘もかなり進んだある日の午後、これまでの鋳型と同じ砥石かなと思われるものが出土した。何気なくひっくり返してみると、そこには斜格子と同心円の文様が彫られていた。まさかと思いさらにみると、やはり安永田遺跡の銅鐸鋳型と同じように横帯文があり、銅鐸鋳型（12号鋳型）だと判断することができた（図34）。「銅剣をはじめとする青銅器鋳型は多く出土していたが、さらに銅鐸鋳型まで出土するなどとは思ってもいなかった」と、後に調査担当者は思いを述べている。

この銅鐸鋳型片は、長さ一〇センチ、幅

図33 ● 本行遺跡出土の鋳型
本行遺跡からは合計12点の鋳型が出土した（2点は大溝から）。多くが細～中細形段階の両面鋳型。3～5号は同一個体の可能性大で、6・7号は接合した。9・10号鋳型は滑石製で、それ以外は石英長石斑岩製。

七・九センチで、鋳型面以外は砥石としてかなり使用され、すり減っていた。鋳型面は上端部分に二条の横線、その下に半円重圏文があり、重圏文の下に斜格子文帯があり、さらにその下には三条の横線文をはさみ上向き・下向きの半円重圏文を彫り込んである。鰭の幅は〇・五センチと狭く、左上がり斜線文を彫り込んでいる。この鋳型から鋳造された銅鐸は、高さが一八センチ前後、身幅の下端が八・五センチ前後で、安永田遺跡例よりも小型のものと考えられる。

工人の住む集落

本行遺跡からは、このほかフイゴの羽口片などの鋳造に関連する遺物も出土しており、丘陵上には弥生時代中期前半〜後半にかけて、青銅器をつくっていた「工人の住む集落」があったものと判断できた。

遺跡地内に入り込んできている谷水田に面する斜面地からは、楕円形土坑内に刃部を立てた状態で中広形銅矛が出土した（**図35**）。出土した場所から考えて、水田の豊作を祈る祭器として埋納されたと考えられる。

このように本行遺跡のある丘陵一帯は青銅器鋳造の工房だと思われるが、丘陵の北側は後世に削られたようで、工

図34 ● 本行遺跡の大溝から出土した銅鐸鋳型（左）**と8号鋳型**（右）
銅鐸鋳型は石英長石斑岩製で、身には斜格子の横帯文、鰭は狭いため、横帯文のグループに入るが安永田例より古いと考えられる。8号鋳型は中細銅矛鋳型で滑石製。耳の部分がみえる。

房跡と判断できる遺構は残念ながら確認することができなかった。

藤木遺跡からも後期の鋳型が出土

柚比遺跡群から南に五キロ、鳥栖市街地がある段丘の先端部に位置する鳥栖市藤木《ふじのき》町一帯に藤木遺跡がある（図5参照）。藤木遺跡は弥生時代後期から古墳時代にかけての環壕集落で、過去に石の蓋をした土壙墓から「四葉座内行《しようざないこう》花文鏡《かもんきょう》」（図36）が出土していた。

ここからは広い佐賀平野と筑後平野・筑後川が望める。柚比丘陵群で弥生時代中期の文化を花開かせた先人たちが、さらに広い可耕地を求めて、進出してきて形成されたと考えられる集落遺跡である。

発掘調査の結果、竪穴住居跡は削られていたが環壕がみつかり、壕内から大量の後期前半期の弥生土器とともに鉄器と石器、そして「青銅器鋳型」四点が出土した。

鋳型1は青銅製のボタンである銅釦《どうこう》の鋳型（図37①）で、三〇パーセントほどが残っており、推定直径八センチほど

図35 ● 本行遺跡出土の中広形銅矛
谷水田に面した谷頭から出土。本行遺跡からは小銅鐸や仿製内行花文鏡2面・銅鋤先など多様な青銅器も出土した。

図36 ● 藤木遺跡出土の四葉座内行花文鏡
墓壙東隅の底面から完形の鏡を半分に割って、文様面を下にした状態で出土。銘文はない（直径13.2㎝）。

POST CARD

恐れいりますが
切手をお貼り
ください

113-0033

東京都文京区本郷
2 - 5 - 12
新泉社

読者カード係　行

ふりがな		年齢	歳
お名前		性別	女 ・ 男
		職業	
ご住所	〒　　都道府県　　区市郡		
お電話番号	－　　－		

◉アンケートにご協力ください

・ご購入書籍名

・本書を何でお知りになりましたか

□書　店　□知人からの紹介　□その他（　　　　　　　　　　　　　　　　）

□広告・書評（新聞・雑誌名：　　　　　　　　　　　　　　　　　　　　　）

・本書のご購入先　□書　店　□インターネット　□その他

（書店名等：　　　　　　　　　　　　　　　　　　　　　　　　　　　　　）

・本書の感想をお聞かせください

＊ご協力ありがとうございました。このカードの情報は出版企画の参考資料、また小社からの新刊案内等の目的以外には一切使用いたしません。

◉ご注文書（小社より直送する場合は送料1回290円がかかります）

書　名	冊　数

のものである。銅釦の製品はこれまでに有明海沿岸を中心に九点確認されているが、鋳型は、はじめての出土である。

鋳型２（**図37②**）は銅鏃《どうぞく》鋳型であり、残り状態は良好である。鏃は長さ八センチになる。茎《なかご》のある二等辺三角形の鏃を彫り込み、湯口《ゆぐち》もつくっている。裏面には鋳型の合い印の刻みがある。

鋳型３（**図37③**）も銅鏃鋳型であり、完全な形で残っている。長さ七・八センチと茎のない大型の鏃で、特異な形状からして祭祀用の可能性が高いと報告されている。この鋳型にも裏面に合い印がみられる。銅鏃の鋳型としては、これまでに春日市などで一一点が確認されている。

①銅釦鋳型（右下は布施ヶ里遺跡出土の銅釦）

③銅鏃鋳型２

②銅鏃鋳型１

④銅釧鋳型

図37 ● 藤木遺跡出土の青銅器鋳型
①銅釦の製品は有明海周辺に多く９点あるが、鋳型ははじめての出土。銅鏃②は実用品だが、③は祭祀用の大形銅鏃か。④は円環型の銅釧鋳型。いずれも石英長石斑岩製。

鋳型4（**図37④**）は銅釧《どうくしろ》（腕輪）の鋳型で、五〇パーセントほどが残っている。やや楕円形だが、鉤《かぎ》がないことから円環形型の銅釧と考えられる。外径は六・五センチと推定されている。鋳型面には湯口を刻んであり、裏面は砥石として利用したような凹みが認められる。

藤木遺跡では弥生時代後期の生活面が削られてしまい、鋳型類は環壕内からの出土ではあるが、弥生時代後期にも青銅器の鋳造工房が存在していたことの意義は大きい。

先の本行遺跡でも、いつごろどこから発見されたのかは不明だが、「広形銅戈鋳型」（**図38**）が発掘調査地点から少し離れた旧家の庭に弁財天としてまつられていた。やはりこの付近一帯で広形段階の弥生時代後期でも青銅器を生産していることがうかがわれた。

このように脊振山地の南麓東端にあたり、筑紫平野の北西隅に位置する鳥栖地域は、弥生時代中期はじめより後期にかけて青銅器の一大生産地であった。このことが従来の弥生時代の歴史像や地域理解にどのような衝撃を与えたのか。つぎにそれが問題となるが、より理解を深めるために次章では、弥生時代の青銅器づくりに挑んだ鋳造実験と鋳型石材の産地探究の道のりを紹介しておこう。

図38 ● 伝江島町出土の広形銅戈鋳型
銅戈の胡の部分が弁財天の衣の裾だと思われていたらしい。裏側は蒲鉾形で丸みがある。石英長石斑岩製。

第4章　青銅器生産の実態解明へ

1　青銅器の誕生と日本列島への伝来

青銅とはどんな金属か

青銅は銅をおもな成分とし、錫《すず》などを混ぜた合金である。純銅は溶かすのに摂氏一〇八五度が必要だが、錫を混ぜると溶ける温度が下がり、錫一三パーセントの場合は八三〇度に下がる。鋳造した当初は錫の割合次第で金もしくは銀に近い色となり（図39）、時間がたつといわゆる緑青《ろくしょう》が生じ、緑碧玉《りょくへきぎょく》に近い色となり、古くから装飾品や容器・貨幣など多種多様に使われてきた。武器などの利器としても使われていたが、鉄器が普及すると用途のすみ分けがなされ、青銅器文化として大きく花開いたのはむしろ鉄器が登場してからだといわれている。

中国前漢代に完成したといわれる技術書『周礼考工記《しゅらいこうこうき》』では、「金の六斉」として、大きく青銅器鋳物の用途を六種類に分け、たとえば銅鐸・鐘などの鳴り物として使う場合は銅と錫の割合が六：一といったように、用途にふさわしい銅と錫の配合について決めている。錫が三〇パーセントを越えると白銅《はくどう》ともよばれ、この場合は光を反射する鏡には適するが、硬くてもろいため武器などの利器としては用いられなかった。

日本列島への青銅器の伝来

人類が最初に「銅」という金属を知り、道具をつくったのは紀元前七二〇〇年前のトルコ東部とされている。その後、銅に錫を混ぜた「青銅」合金を用いはじめたのは、紀元前三五〇〇年代のメソポタミアであるといわれている。

銅は金＋同と書くように金と同じと解釈されることが多いが、中国の文字の成り立ちでは「金」は金属全般をさし、「同」は洞《ほら》・筒の意味で穴をあけやすく軟らかいこと、つまり加工しやすい金属を意味する。加工が容易で色を含めて仕上がりが美しいのが銅の特徴である。

図39●鋳造直後の青銅器の色
右：錫分の少ない銅鐸は金色に近い（安永田復元銅鐸）。
左：錫分の多い青銅鏡は銀色に近い（遠藤喜代志氏制作銅鏡）。

中国大陸では、黄河流域（中原）で紀元前二〇〇〇～一六〇〇年ごろに青銅器の製作がはじまり、その後、殷《いん》代前期から占いや儀式のための祭器・儀器として多く使われるようになった。中国大陸の東北部一帯では、遊牧社会のなかに「青銅短剣」を代表とする北方系青銅器文化が成立し、南進して遼東《りょうとう》半島一帯で黄河流域の青銅器文化と溶けあい、「遼寧《りょうねい》式銅剣」（図40）に代表される独自の青銅器文化が、紀元前八〇〇～三〇〇年ごろに花開いた。

朝鮮半島でも紀元前五〇〇～四〇〇年ころになると、遼寧式銅剣を祖型とする朝鮮半島化した銅剣に代表される青銅器文化や、さらに中国の戦国期～前漢時代の多様な青銅器文化の影響を受けて、独自のすぐれた銅矛・銅戈や銅鏡あるいは異形《いけい》青銅器などがつくられはじめる。

現在までのところ、日本列島でもっとも古い青銅器は、福岡県福津市津屋崎《つやざき》町の今川《いまがわ》遺跡から出土した銅鏃と銅鑿《のみ》とされている。これらは「遼寧式銅剣」の鋒（切っ先）を鏃《やじり》に、根元を鑿に再加工したもので、縄文時代晩期後半～弥生時代前期初頭期のものと考えられている。中国東北部から朝鮮半島に伝来したものが、さらに海峡を越えて九州北部にもたらされたのであろうが、朝鮮半島にも銅剣を鑿に再加工したものがあり、それが渡来したこともありうる。

図40 ● 遼寧式銅剣
中国東北部から朝鮮半島にかけて出土。形から琵琶形銅剣ともよばれる。

青銅器文化としての伝来

その後、朝鮮半島からまとまった文化としての細型銅剣・多鈕細文鏡《たちゅうさいもんきょう》・朝鮮式小銅鐸などがもたらされ、さらに銅矛・銅戈などが伝わり、銅ヤリガンナを含む青銅器種群が系統的な文化として定着したのは、弥生時代前期末~中期前半期である。

この時期、青銅器はおもに墓の副葬品となっている。その代表的な遺跡としては、吉武高木遺跡や吉野ヶ里遺跡、先にみた柚比本村遺跡などである。

一九八五年度に調査された吉武高木遺跡の三号木棺墓では、墓の上に標石をのせた木棺墓内から細形銅剣二本、細形銅戈・細形銅矛各一本、多鈕細文鏡一面、勾玉一個などが出土した(図41)。この木棺墓の周囲には、ほかに木棺墓・甕棺墓もあり、これらにも銅剣・銅釧や勾玉のついた首飾りなど多数が副葬されていた。

一九八六年に調査を開始した吉野ヶ里遺跡では、墳丘墓に一四基の甕棺墓が埋葬されていた。最初に中央の大型甕棺墓を埋葬し、その後は順次甕棺墓をまわりに埋葬していたことがわかっている。把頭飾付き有柄銅剣一本・細形銅剣六本・中細形銅剣一本などが副葬品として甕棺墓から出土した(図42)。

一九九二年度調査の柚比本村遺跡では、先に述べたように最初に木棺墓がつくられ、周囲に甕棺墓が四五基埋葬されていた(図28参照)。木棺墓・甕棺墓群からは、赤漆玉鈿装鞘付細形銅剣をはじめ細形銅剣三本・中細形銅剣四本の合計七本などが出土した(図30参照)。これらの青銅器類を副葬していた木棺墓・甕棺墓群は、本来は墳丘墓だったと考えられる。

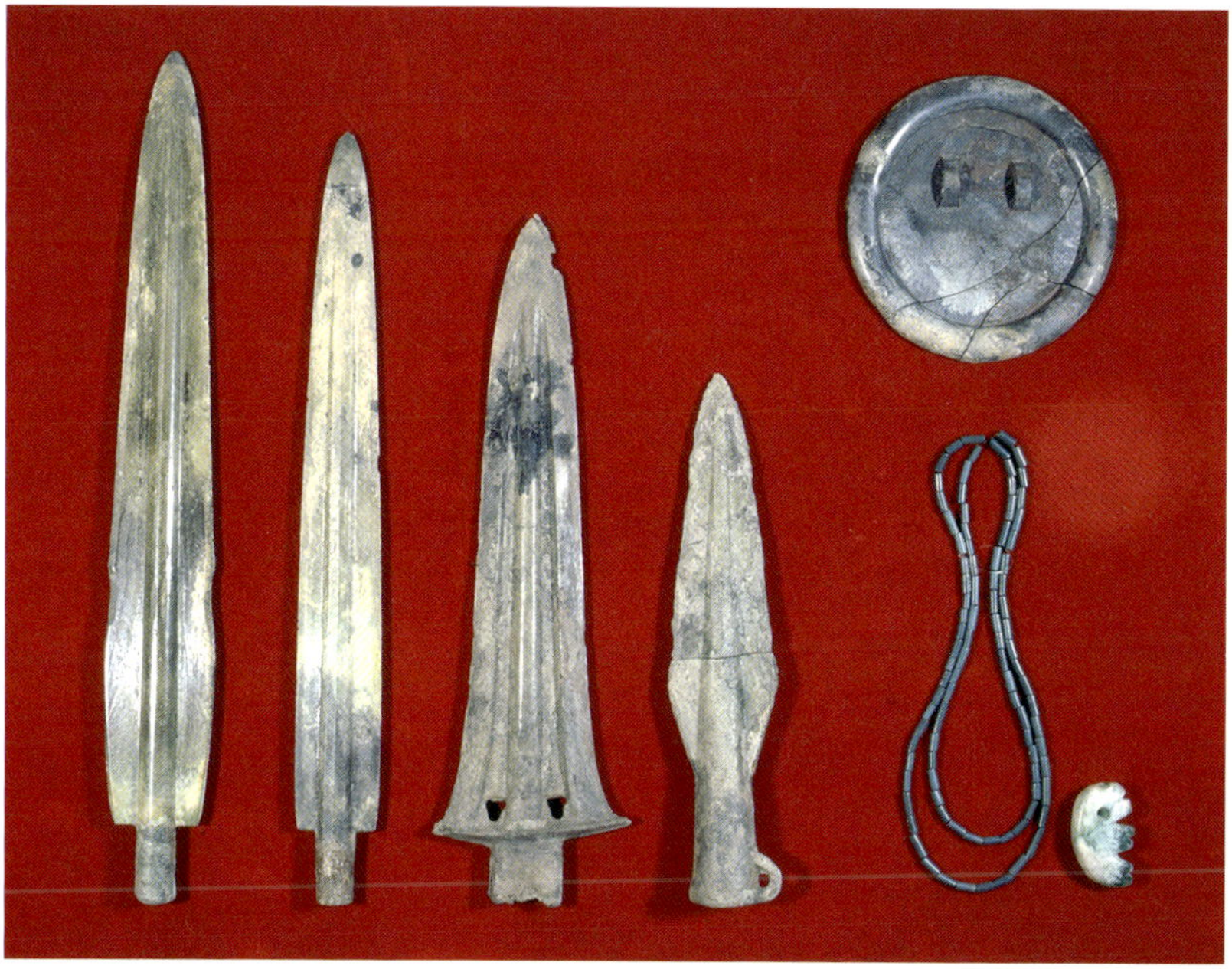

図 41 • 吉武高木遺跡出土の青銅器
木棺墓 4 基と甕棺墓 34 基が検出され、このうち 3 号木棺墓からは鏡・玉・剣の「三種の神器」が出土。

図 42 • 吉野ヶ里遺跡出土の青銅器
墳丘墓の甕棺墓 14 基のうち、8 基から 8 本の銅剣やガラス製管玉などが出土している。一鋳方式の把頭飾付き有柄銅剣は初出例。

このように青銅器文化が日本列島に定着したころは、青銅器類は集落の祖霊に捧げたり、有力者の身分・権威、あるいは財力を象徴する威信財としておもに用いられたのである。そして所有していた有力者が死ぬと、それらは副葬品として墓に入れられた。

しかしその後、青銅器は祭りのための道具、つまり祭器として用いられるようになる。祭器になると個人の墓に入れることはほとんどなくなり、集落のはずれや集落から離れた場所の丘陵上あるいは谷の奥などに多く埋納することになる。この典型的な例が銅鐸である。しかも青銅祭器は時期が下がるにつれより大きくなり、武器や銅鐸などの本来の機能とかけ離れていく。

この段階になると墓への副葬品は、北部九州では青銅鏡への比重が高まり、中国鏡が伝来し、おもに甕棺墓に入れるようになる。

2 弥生時代の青銅器製作に挑む

さて、青銅器を完成させるまでには、鋳型の材料を考え、原材料を入手し、つくることからはじまり、金属の採鉱や溶解・鋳込み・研磨など、多くの手間と日時を必要とする。高度な知識や製作技術の熟練を要し、専門的に従事でき経験を蓄積することができる「工人」でなければ青銅器製作はむずかしかったであろう。

鋳型は出土したが、実際にはどのように銅鐸などの青銅器をつくっていたのか、わたしたち(鳥栖市教育委員会)は、その実態に少しでも近づくために、青銅器製作に挑むことになった。

最初は鳥栖工業高校に依頼し、後には北九州鋳金《ちゅうきん》研究会と共同で実験をおこなった。

なお、鋳造品は中空が大きいほどむずかしく、文様の複雑なものほど時間を要する。そのため最初は、中空や文様がない銅剣から試作した。

石型と土型の鋳型

古代、青銅器をつくる鋳型には、大きく分けて「石型」と「土型」があった。はじめに石型があり、その後に土型に切りかわる事例が世界的には多い。土型といっても、土の成分にもっともふさわしいのは「黄砂《こうさ》」だとされ、中国大陸では多用された。「黄砂」には石英・長石・雲母のほか粘土に近いものも含まれており、後に述べる鋳型石材とほぼ同じ成分である。土型は成形後に素焼きし、鋳型として使った。朝鮮半島では石型と土型の使い分けがみられ、武器や小銅鐸は石型を使い、細かい文様を必要とする青銅器は土型を採用していた。

日本列島では、まず武器形青銅器や小銅鐸が渡来したので、朝鮮半島と同じように石型による鋳造だった。北部九州では武器類はもちろんのこと、そのほかのものも石型でつくり、大型化する最終段階まで石型で青銅器を鋳造している。しかし、土型を知らないかといえばそうではなく、銅矛や銅鐸のように、なかに空洞を必要とするものには土製の中子を使用している。最近では春日市のタカウタ遺跡から土製の銅戈鋳型が出土したとの報告もある。

近畿地方に多く分布する銅鐸では、最古・古段階は石型でつくるが、中段階で土型が登場し、最終の新段階には土型のみとなる。

大阪府東大阪市の鬼虎川《きとらがわ》遺跡では、銅鐸・銅釧などの石型が貝層中より、弥生時代中期前半から後半の土器とともに出土している。

同じく茨木市の弥生時代中期の拠点集落であり青銅器工房跡である東奈良《ひがしなら》遺跡では、銅鐸・銅戈・勾玉の鋳型三五点ほどが未成品の鋳型・フイゴの羽口片とともに出土し、ここの鋳型で鋳造した銅鐸が近畿地方一円から四国にかけてみつかっている。銅鐸鋳型は古段階から中段階にかけてのもので石型（**図43**）で、銅戈鋳型は土製だった。

一方、奈良県田原本町の環濠をもつ弥生時代中期末から後期前半にかけての拠点集落である唐古《からこ》・鍵《かぎ》遺跡からは、中段階銅鐸の石型とともに、土製の外枠型と思われる土製品が二〇点出土している（**図44**）。土製の外枠型はなかが空洞で、なかに土を入れ銅鐸の細かい文様を描いていたと推定され、石型から土型による鋳造への変化を示している。

このように、北部九州は石型を最終段階まで採用し、近畿地方は中段階から新段階の弥生時代中期末に石型から土型に変化するという違いをみせている。

図43 ● 大阪府東奈良遺跡出土の石製銅鐸鋳型
全体的には流水文、袈裟襷文のなかに連続渦巻文を彫り込む。鰭は内向きの鋸歯だけに線を刻んでいる。石材は凝灰質砂岩（長さ43.5㎝）。

シリーズ「遺跡を学ぶ」

第1ステージ〈100巻+別冊4〉完結！　A5判96頁・オールカラー／各1500円+税

◎第Ⅰ期［全31冊］

セット函入46500円+税

01 北辺の海の民・モヨロ貝塚　米村 衛
02 天下布武の城・安土城　木戸雅寿
03 古墳時代の地域社会復元・三ツ寺Ⅰ遺跡　若狭 徹
04 原始集落を掘る・尖石遺跡　勅使河原 彰
05 世界をリードした磁器窯・肥前窯　大橋康二
06 五千年におよぶムラ・平出遺跡　小林康男
07 豊饒の海の縄文文化・曽畑貝塚　木﨑康弘
08 未盗掘石室の発見・雪野山古墳　佐々木憲一
09 氷河期を生き抜いた狩人・矢出川遺跡　堤 隆
10 描かれた黄泉の世界・王塚古墳　柳沢一男
11 江戸のミクロコスモス・加賀藩江戸屋敷　追川吉生
12 北の黒曜石の道・白滝遺跡群　木村英明
13 古代祭祀とシルクロードの終着地・沖ノ島　弓場紀知
14 黒潮を渡った黒曜石・見高段間遺跡　池谷信之
15 縄文のイエとムラの風景・御所野遺跡　高田和徳
16 鉄剣銘一一五文字の謎に迫る・埼玉古墳群　高橋一夫
17 石にこめた縄文人の祈り・大湯環状列石　秋元信夫
18 土器製塩の島・喜兵衛島製塩遺跡と古墳　近藤義郎
19 縄文の社会構造をのぞく・姥山貝塚　堀越正行
20 大仏造立の都・紫香楽宮　小笠原好彦
21 律令国家の対蝦夷政策・相馬の製鉄遺跡群　飯村 均
22 筑紫政権からヤマト政権へ・豊前石塚山古墳　長嶺正秀
23 弥生実年代と都市論のゆくえ・池上曽根遺跡　秋山浩三
24 最古の王墓・吉武高木遺跡　常松幹雄
25 石槍革命・八風山遺跡群　須藤隆司
26 大和葛城の大古墳群・馬見古墳群　河上邦彦
27 南九州に栄えた縄文文化・上野原遺跡　新東晃一
28 泉北丘陵に広がる須恵器窯・陶邑遺跡群　中村 浩
29 東北古墳研究の原点・会津大塚山古墳　辻 秀人
30 赤城山麓の三万年前のムラ・下触牛伏遺跡　小菅将夫
別冊1 黒耀石の原産地を探る・鷹山遺跡群　黒耀石体験ミュージアム

◎第Ⅱ期［全20冊］

セット函入30000円+税

31 日本考古学の原点・大森貝塚　加藤 緑
32 斑鳩に眠る二人の貴公子・藤ノ木古墳　前園実知雄

第2ステージ〈101〜200巻〉好評刊行中！

A5判96頁・オールカラー／各1600円＋税

101 北のつわものの都 平泉 八重樫忠郎
平泉藤原氏が北東北の入口にあたる平泉の地に築いた館。ここは北のつわもの(武士)たちの集大成、北の都だった。

102 古代国家形成の舞台 飛鳥宮 鶴見泰寿
のどかな田園風景の下に斉明朝〜天武・持統朝宮殿の遺構が保存されており、律令体制確立への姿がみえてくる。

103 黄泉の国の光景 葉佐池古墳 栗田茂敏
一四〇〇年余の時をへて開けられた石室内に「イザナキの黄泉の国訪問譚」を彷彿とさせる光景が広がっていた。

104 島に生きた旧石器人 沖縄の洞穴遺跡と人骨化石 山崎真治
石垣島の白保竿根田原洞穴、沖縄島のサキタリ洞の遺跡から出土した人骨化石や貝器から沖縄人類史の謎に迫る。

105 古市古墳群の解明へ 盾塚・鞍塚・珠金塚古墳 田中晋作
古墳群内の主な大型前方後円墳の調査が制限されている現在、三古墳の調査成果が古墳群全体の解明につながる。

106 南相馬に躍動する古代の郡役所 泉官衙遺跡 藤木 海
戦乱・災害に激動する古代東北の地に、律令国家と地域社会を結ぶ要となり、産業振興の役割をになった郡役所。

107 琵琶湖に眠る縄文文化 粟津湖底遺跡 瀬口眞司
湖水にパックされて朽ちずに残った木の実など植物質資料も徹底調査。琵琶湖縄文人の定住戦略を明らかにする。

108 北近畿の弥生王墓 大風呂南墳墓 肥後弘幸
丹後半島の付け根、日本三景の一つ天橋立をのぞむ丘陵上の弥生墳墓から生まれいづる「クニ」の姿を追究する。

109 最後の前方後円墳 龍角寺浅間山古墳 白井久美子
印旛沼を望む千葉県の下総台地につくられた最後の前方後円墳。法隆寺の仏像宝冠を彷彿とさせる副葬品が出土。

110 諏訪湖底の狩人たち 曽根遺跡 三上徹也
湖底から黒や赤の美しい石の矢尻が大量に出土する。この謎に挑戦した考古学者たちと太古の狩人たちにせまる。

井口直司 著
縄文土器ガイドブック
縄文土器の世界
ISBN978-4-7877-1214-1

私たちの心の奥底をゆさぶる縄文土器の造形。しかし、博物館や解説書で「○○式」「△△文」といった暗号のような説明を読むと、熱がさめていく……。考古学による土器の見方、縄文時代のとらえ方をじっくり解説。

A5判／200頁／2200円＋税

三上徹也 著
縄文土偶ガイドブック
縄文土偶の世界
ISBN978-4-7877-1316-2

土偶の姿はあまりにも多様。国宝に指定された素晴らしい土偶があるかと思えば、粗末な作りでバラバラに壊れ破片となったものもたくさんある。縄文人は何のために土偶を作り、どのように用いていたのだろうか。

A5判／212頁／2200円＋税

追川吉生 著
江戸のなりたち
[1]江戸城・大名屋敷、[2]武家屋敷・町屋、[3]江戸のライフライン

江戸の街並みは消えてしまったが、地下には江戸の痕跡が眠っている。再開発によって目覚めた江戸の遺跡から「江戸のなりたち」を探訪する。
ISBN978-4-7877-0618-8 ／ 0713-0 ／ 0801-4
各巻A5判／1800円＋税

十菱駿武 著
多摩の歴史遺産を歩く
遺跡・古墳・城跡探訪
ISBN978-4-7877-0707-9

東京の西多摩・南多摩から神奈川県の川崎市・横浜市北部地域の遺跡・文化遺産・博物館を散歩する12コース。〔主な遺跡等〕八王子城跡、稲荷塚古墳、東京都埋蔵文化財センター、絹の道、大塚歳勝土遺跡公園ほか
A5判／188頁／1800円＋税

辰巳和弘 著
他界へ翔る船
「黄泉の国」の考古学
ISBN978-4-7877-1102-1

船形をした木棺や埴輪、墓室に描かれた船画、円筒埴輪に刻まれた船……船は霊魂を黄泉の国へといざなう。人々は魂の行方をどこに求めたのか。考古学が傍観してきた「こころ」を探り、古代人の他界観を追究する。

A5判上製／352頁／3500円＋税

辰巳和弘 著
古代をみる眼
考古学が語る日本文化の深層
ISBN978-4-7877-1416-9

弥生時代や古墳時代の人びとの「思い」を考古学から解き明かす。〔目次〕祭祀遺跡はなぜそこにあるのか？／神話の土壌／ヒサゴと龍／他界の王宮／埴輪研究の行方／紀氏と葛城氏／聖樹と王宮／大和三山と王宮
A5判／240頁／2000円＋税

石野博信・水野正好・西川寿勝・岡本健一・野崎清孝 著
三角縁神獣鏡・邪馬台国・倭国
ISBN978-4-7877-0607-2

しだいに見えてくる邪馬台国と倭国女王卑弥呼の姿。纒向遺跡や箸墓とのかかわりは？　女王卑弥呼の「銅鏡百枚」は、三角縁神獣鏡なのか？　約500面が見つかっている三角縁神獣鏡をとおして語られる邪馬台国の姿。

A5判／212頁／2200円＋税

西川寿勝・森田克行・鹿野塁 著
継体天皇　二つの陵墓、四つの王宮
ISBN978-4-7877-0816-8

現在の天皇家につながる最初の天皇となった継体は6世紀の初め、越前国からやってきて即位したが、すぐに大和へ入ることはできなかった。その陵墓である今城塚や周辺地域の発掘成果から謎に迫る。

A5判／246頁／2300円＋税

西川寿勝・相原嘉之・西光慎治 著
蘇我三代と二つの飛鳥
近つ飛鳥と遠つ飛鳥
ISBN978-4-7877-0907-3

蘇我系天皇の陵墓がつくられた河内の「近つ飛鳥」、宮殿がつぎつぎと建てられた大和の「遠つ飛鳥」。ふたつの飛鳥とかかわりの深い蘇我三代（馬子・蝦夷・入鹿）の興隆と滅亡を最新の考古学調査から迫る。

A5判／260頁／2300円＋税

西川寿勝・田中晋作 著
倭王の軍団
巨大古墳時代の軍事と外交
ISBN978-4-7877-1013-0

世界遺産登録をめざす百舌鳥・古市古墳群。5世紀、これら巨大な古墳をつくった王たちは武力を背景に半島へ進出したのか？　中期古墳に副葬された大量の武器・武具は実用なのか？　儀器なのか？

A5判／248頁／2300円＋税

黄金色の炎

木を燃やして得られる火の温度は一般的に七〇〇〜八〇〇度くらいだが、純銅を溶解するためには一〇八五度、青銅でも九五〇度前後の高温が必要である。しかも、この高温状態を青銅が溶けるまで持続しなければならない。弥生時代の工人たちはそのためにどんな装置（炉）や道具を使ったのだろうか？　温度計もない時代に必要な温度に達したのを、どのようにして知ったのだろうか？

それまでは煮炊きや暖房などの日常生活で使ったり、土器を焼いたりしていた「火」を、高温で思いどおりにあやつれるようになって、はじめてできるのが青銅器の鋳造である（**図45**）。ゆらゆらとゆれる炎の温度が高くなるにつれ、炎が赤色から透明感のある黄金色に変わっていき、固い鉱石や金属を液体状に溶かし、鋳型に流し込み、必要な青銅器を自在につくることは、弥生人にとってはたいへん神秘的な出来事だったろう。

それは、なにも弥生人だけではなく、

図44 ● 奈良県唐古・鍵遺跡出土の銅鐸土製外枠型
このなかに土を詰め、そこに細かい文様を彫り込む。
外枠は何回でも使え、石型と土型の中間的な鋳型。

現代のわたしたちにとっても鋳物鋳造の現場に立ちあえば同じで神々しさを感じる。「人間は火を使う動物である」というが、その火を高度に利用したはじまりが青銅器の鋳造であり金属器製作である。

現代の鋳物の常識では、「石製の鋳型」は硬くて加工がむずかしく、通気性にとぼしく、鋳込みの際に発生するガスが抜けにくいため、鋳型には不向きだとされている。したがって現代の鋳造では石型は使わない。石型による鋳造は「忘れ去られた技術」なのである。

ところが、弥生時代の遺跡からは石型が数多く出土するし、とりわけ北部九州の青銅器工人たちは最終段階まで石型にこだわっている。弥生時代

図45 ● 弥生時代の鋳造作業の復元ジオラマ
青銅を溶かした湯を、湾曲した木でルツボをはさみ固定した鋳型に注ぐ鋳造風景。
上は火の温度が高くなったルツボで、赤い炎が黄金色に変わりまぶしい。

の工人の青銅器をつくる方法、なかでも九州の工人たちがこだわっていた「石製の鋳型」による鋳造は、どのような工程をたどっていたのだろうか。

鋳造実験の過程と結果

①鋳造方案を考える（図46）　鋳造方案とは、どんな器種をつくるのか、どんな大きさの青銅器をつくるのか、器種にふさわしい合金の種類や割合は、鋳型は土なのか石なのか、溶けた青銅を注《そそ》ぎ込む湯口をどこにつくるか、最終工程となる鋳込み後の研磨など、鋳物製作の全工程について検討し設計することである。

②鋳型をつくる（図47）　鋳造実験では鋳型に「天草《あまくさ》砥石」を使用した。天草砥石は軟らかく彫り込みが容易、どこの金物店にもあり入手しやすい。

作業はまず、石材から鋳型として必要な形と大きさに割り出す。鋳型は組み合わせて使うから二個つくる。二個の鋳型の鋳型面が密着するための鋳型二個をすり合わせる面出し《めんだ》作業をおこなう。面出しができれば、その面に器種の形と文様を彫り込む。彫り込みにはノミ状の先の平たい鉄器もしくは青銅器、細かい部分はより硬い砥石を小さいヘラもしくはギターのピック状にして使うと

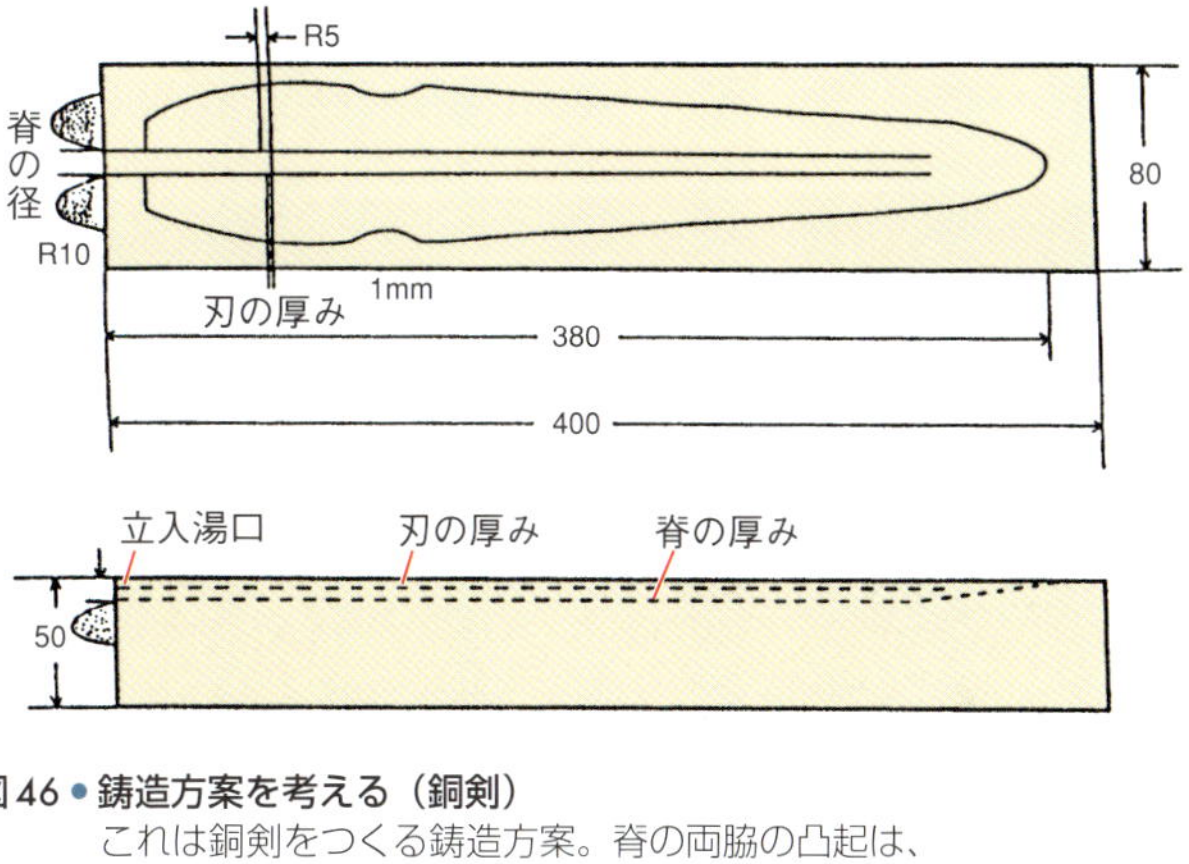

図46 ● 鋳造方案を考える（銅剣）
これは銅剣をつくる鋳造方案。脊の両脇の凸起は、
湯の注ぎ口を粘土でつくることを意味する。

たやすくきれいに彫り込めた。

　銅鐸・銅矛のようになかが空洞の場合は中子が必要である。中子は土でつくった。つくり方は二個の鋳型を合わせた内側に、青銅器の厚み分の粘土を敷き、土をつめ形を整え焼く。

③鋳型の乾燥・加熱（図48）　石型は、水分が含まれている場合はもちろん、岩石が風化するときに生じる構造的な結晶水も抜かないと、鋳込むときにヒートショックによって割れるなどのさまざまな不具合が生じる。石材の乾燥・加熱には細心の注意を払い、十分な時間をかけ常温から徐々に熱を加えた。実験ではもみ殻のなかで一晩蒸し焼き状態にした。

④合金の更合わせ　器種にふさわしい銅と錫の比率による材料をととのえることを「更《さら》合《あ》わせ」という。青銅器の場合、溶解する際にまず溶融温度の低い錫を溶かし、その後に銅を入れる。そうすると銅が早く溶けやすくなる。このことを鋳物職人は「錫が銅を食《は》む」という。

⑤鋳型の固定・据付け（図49）　溶けた青銅を注ぐ際に鋳型のなかはかなりの圧力が生じ、鋳型と鋳型のすき間から流れ出ることもあるので、二個の鋳型をしっかり縛り、鋳型の湯口を上

図47 ● **鋳型をつくる**
金属器の道具で荒削りした後は、鋳型よりも硬い砥石で彫り込み鋳造面を円滑に仕上げる。これは銅剣の鋳型。

図48 ● **鋳型の乾燥・加熱**
石製鋳型にとってもっとも重要な作業。しだいに温度を500℃程度まで上げ、じっくり加熱し、ゆっくりさます。これは銅矛の鋳型で中子が据えてある。

に土中に据える。このとき土中の水分を鋳型が吸収しないように周囲に灰・炭などの緩衝材を入れる。

⑥燃料づくり　弥生時代に木炭が存在していたかどうか確証はなかったが、民俗事例として、農家の庭先で稲の収穫後に、もみ殻のなかで材木を蒸し焼きにして木炭をつくることが知られていた。であれば、稲作をおこなう弥生人が木炭をつくること自体はさほどむずかしいことではないと考え、木材に火を付け、その上にもみ殻をかぶせ蒸し焼き状態にして木炭をつくってみた。安永田遺跡からは、薪炭材にふさわしい樹種の炭化材がみつかっている。

⑦溶解の施設と道具　施設についてはまず、「工房建物」がどんなものかを考えてみた。鋳造では金属を溶かすために火を使うので、水は嫌うだろうことが考えられた。安永田遺跡や春日市の須《す》玖《ぐ》岡本《おかもと》遺跡坂本地区で出土した工房遺構を参考にして、長辺四・五×短辺三・〇メートルほどの掘立柱の茅《かや》葺《ぶ》き建物を復元し、周囲に排水のための溝を掘り、建物内に炉を設置した。

溶解施設の「炉」は、安永田遺跡の「炉跡状遺構」から想定して、北方向に風をとり入れるような穴を掘り、その上に「土

図49 ● 鋳型の据付け
湯の注ぎ口を上にして、鋳込み時の圧力に負けないように、大きい鋳型はより深く土中に埋め込み固定する。これは銅鐸の土製鋳型。

図50 ● 土器炉
半地下式に固定し、周囲に粘土を塗り、2段目の土器には燃料や材料を入れるための窓をつくった。この上に土器でつくった煙突をのせた。

器炉」を据えた。土器炉は半地下状態で埋設した（図50）。
「ルツボ（坩堝）」は、安永田遺跡からルツボもしくはトリベ（取鍋）と推定される手づくね土器が出土していることから、土器で製作してみた。土器が高温に耐えるか心配だったが、結果は土器でも問題なく耐えた。溶解に耐えた土器は、たとえるならば備前焼に似た焼き締め状態になった（図51）。

弥生時代の遺跡からは「フイゴ（鞴）」の羽口は出土するが、フイゴ本体は木製・皮革製だったためか出土しない。このため、フイゴ装置の復元想定が不可能だった。しかし北方向に開口した谷に立地する安永田遺跡では、一一月になると北からの風が強く吹き、煙突効果と相まって自然送風だけで十分だった。

鋳造実験でもっとも驚かされたのは、「煙突」による風の吸い上げ効果が大きかったことである（図52）。古代の甑炉《こしきろ》（粘土で築き上げた筒状の竪炉《たてろ》）と同じ原理だと考えられるし、一九五〇年代ごろまでは、七輪で火を起こすのにブリキ製の煙突を使っていたことが思い起こされた。弥生時代であれば金属製ではなくても、甕型土器の底部を打ち欠き、口縁部を下にして炉にのせれば十分だったろう。

図52 ● 煙突による吸い上げ効果
鋳造実験で思いついた「煙突効果」は絶大だった。音をたてて空気を吸い上げ、炎が上がっていた。

図51 ● 土製のルツボ
左は溶解前、右が溶解後のルツボ。炉のなかには底の平らな土器を逆にして置き（坩台）、その上にルツボを置き固定した。

溶解時間については、これまで述べたような諸条件がそろうならば、銅剣・銅矛各一本を鋳込む分量の溶解は二時間程度で十分という結果が得られた。

⑧鋳込み（**図53**）　溶解が進むと、ルツボ内の青銅は赤色から黄色味を帯びて黄金色となる。こうなると千度近くになっており、青銅は完全に溶解している。炎をみるとまぶしい。

炉からヤットコ（金鋏）状の道具で土器製のルツボをはさんでとり出し、鋳型に直接注ぎ込んだ。弥生時代の遺跡からはまだ金属製のヤットコは出土していないが、炉からルツボをとり出し鋳型に流し込む作業としては短時間であるから、金属製ではなく木製でも充分に用に耐えると思われた（**図45参照**）。

⑨研磨・仕上げ　器種や大きさによって異なるが、銅剣・銅矛であれば一〜二時間ほど、銅鐸なら一晩ほど経ってから鋳型を分解し、鋳込んだ製品をとり出す（**図54**）。鋳型のすき間からはみ出た鋳張《いば》りが小さく、製品の面が平らであれば研磨も砥石だけで十分だが、そうでない場合はかなりの作業量が要求される。このため青銅よりも固い金属粉（現在では金剛砂《こんごうすな》だが、砂鉄粉でも可）があれば、スムーズに研磨作業が進む。

鋳造実験でわかったこと

鋳造実験でわかったことは、「石製の鋳型」は乾燥・加熱す

図53 ● 鋳込み
湯の表面に不純物が浮いてきたり、空気で冷やされ固くなるため、それらを除去しながら鋳型に注ぎ込む。

るという条件つきではあるが、鋳型材として十分に適性をもっているということだった。弥生時代の工人が石製の鋳型を採用したことは、うなずけることと思われ、さらに九州の工人が石製の鋳型に最後までこだわったのは、各地に供給・交易するため、耐久性のある石製で同じ製品を複数つくろうとしたからであろう、と考えられた。

いま一つは、風つまり酸素を多く炉内にとり込むことが重要であることである。もっとも自然で合理的だったのは一一月の北からの季節風を利用できたことだった。安永田遺跡は北方向に開けた谷頭にあり、北から吹く冬の季節風を利用する立地だった。

安永田遺跡の工人たちは秋までに鋳型をつくり、材料を用意して、冬風を利用した鋳造をおこなっていたと思われる。氏族集団に属しながら、そのなかで季節的なパートタイムで青銅器をつくっていた、と鋳造実験では考えられた。一方、青銅器の製作技術をもった渡来人が系統的かつ計画的に渡ってきて、従来の氏族集団からは自立して、専門工人がつくるネットワークを通じて一年中おこなわれた、という意見もある。

図54 ● 実験で使用した鋳型とできあがった銅剣
右の鋳型は乾燥・加熱が不十分だったせいか水蒸気が発生し、製品に鬆（す）が入った。

3　鋳型石材の産地を求めて

鋳型は近畿からの持ち込みか？

すでに述べたように、安永田遺跡で銅鐸鋳型が出土するまでは、銅剣・銅矛をおもな青銅器とした北部九州の「武器形の青銅祭器の文化圏」と、近畿を中心とする「銅鐸形の青銅祭器の文化圏」に分ける主張が多くを占め、弥生時代の日本列島は北部九州と近畿の二大文化圏があるという見解が教科書にも採用されていた。このため安永田遺跡で銅鐸鋳型が出土しても最初は、これは「銅鐸文化圏」である「近畿地方からの持ち込みではないか」と考えられた。

そこで安永田鋳型の石材が何で、どの地方の産出かが焦点となった。

近畿地方で出土する石製の銅鐸鋳型の石材は限定されていて、大阪府と奈良県境の生駒《いこま》山麓から産出する「和泉層群中砂岩《いずみそうぐんちゅうさがん》」が多く用いられている。近畿地方から出土した鋳型の石材鑑定を数多く手がけていた大阪市立大学の笠間太郎教授の研究室に、安永田鋳型の石材鑑定を依頼した。笠間教授は実体顕微鏡で観察の結果、「近畿地方で多く出土する砂岩などの堆積岩ではなく、火成岩の可能性が大」との見解を示し、火成岩を専門とする西南学院大学の唐木田芳文教授に石材鑑定を依頼するよう助言があった。

唐木田教授が偏光顕微鏡で観察した結果、細粒の「石英長石斑岩《せきえいちょうせきはんがん》」という火成岩であることがわかった（図55）。近畿の和泉層群中砂岩とは明らかに違う石材だった。これで安永田鋳型が近畿から持ち込まれたものではないことがわかった。

九州の鋳型石材の調査

では、九州内出土のほかの鋳型石材はどうなのか。安永田鋳型だけみても、「九州特有の石材で製作していた」ことを証明するには心もとない。

そこで福岡市に依頼し、福岡市内の弥生時代中期〜後期の遺跡から出土した青銅器鋳型片一五点を観察した。その結果、すべて安永田鋳型と同じ石材でつくられていることがわかった。続いて福岡平野の青銅器工場ともいわれるほど大量の鋳型が出土している春日市でも観察することができ、春日市遺跡群出土の一三〇点あまりの鋳型のほとんどが、やはり同じ石材だった。

いったいこれは何を意味するのか。唐木田教授はその謎に魅了され、鋳型石材の岩石学的研究に本格的にとり組むことになる。

その後も可能なかぎり鋳型石材の観察をつづけ、直接観察した一六九点の九二パーセントにあたる一五五点の石材が細粒の石英長石斑岩であり、残りの一四点は、滑石岩またはそれに類する石材だった。したがって、北部九州の青銅器鋳型の石材は圧倒的に石英長石斑岩であることがわかった。

さらに、一九九七年九月に北九州市立考古博物館が開催した特

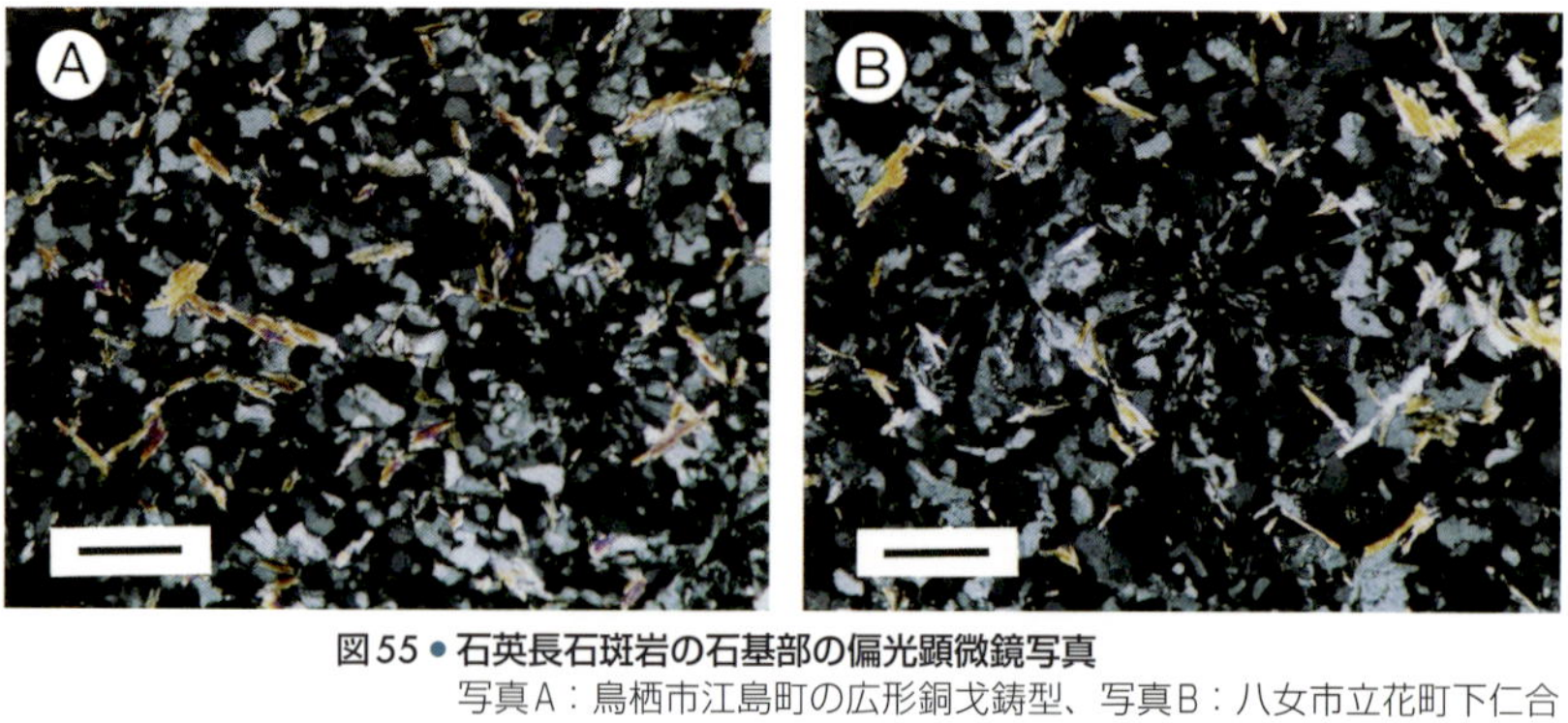

図55 ● 石英長石斑岩の石基部の偏光顕微鏡写真
写真A：鳥栖市江島町の広形銅戈鋳型、写真B：八女市立花町下仁合の岩脈。白〜黒色の干渉色を示す石英と長石結晶が不規則に組み合い、その中に黄色や赤・紫色の干渉色をもった板状の絹雲母が散在する。また、断面が矢車状の石英と長石が共生してできた球顆が特徴的に含まれている（スケールバーの長さは0.2㎜）。

別展「弥生の鋳物工房とその世界―青銅器とガラス玉の生産」のために各地から集められてきた展示鋳型を、唐木田教授はひとつひとつ手にとって観察した。朝鮮半島・中国東北地方の鋳型石材も数は少ないが出展されていた。

近畿地方出土の鋳型石材も観察できた。近畿で出土した鋳型の大部分は銅鐸鋳型で、武器形青銅器の鋳型はわずかである。そのなかで観察できた一三点の鋳型石材は、「凝灰質砂岩」「細粒砂岩」などの和泉層群中の砂岩系で、北部九州の石英長石斑岩とまったく別物であることが再確認された。

鋳型石材の産地を訪ね歩く

こうして鋳型石材の種類はわかった。では、産地はどこなのか。

石英長石斑岩は火山活動の最後の段階で、火成岩のなかに貫入《かんにゅう》した石英・長石をおもな成分とし、生成過程で生じた絹雲母を多く含む岩石である。これは磁器の材料である「陶石《とうせき》」も石英・絹雲母を主成分にカオリン・長石を含んだ化学組成であることから、岩石の成分上ではよく似ている。ならば石英長石斑岩も陶石に似た生成環境だろうと、唐木田教授は想定した。

その想定にもとづき、陶石の産地である北西部九州の佐賀県有田や熊本県天草に的をしぼって各地に足を運んだ。

まずは有田焼の始祖である李参平《りさんぺい》が発見した有田町泉山《いずみやま》の陶石産地を探査した（図56）。すると、ここの陶石は風化していないため非常に固く、細かい文様などを彫り込むのには不向きな石材だった。

　現在の有田焼のおもな陶石産地である天草市天草町下田《しもだ》の陶石産地にも足を運んだ。ここは泉山と同じように固くて細かい細工や文様の彫り込みは困難と判断された。また、九州各地の眼鏡橋や長崎のオランダ坂の石畳などをつくった下浦《しもうら》石工で有名な天草市本渡《ほんど》町の下浦石産地や、現在でも「天草砥石」として有名な中砥石の産地である上天草市大矢野《おおやの》町の砥石産地も訪れた（図57）。

　さらに山陰地方の島根県の来待《きまち》石産地にも探査にむかった。「来待石」は、松江市宍道《しんじ》町の来待を中心に東西約一〇キロ、幅一〜二キロの範囲で露出している岩石層である。島根県埋蔵文化財センターでは、この石材を使った鋳造実験もおこなっているそうだ。しかし、来待石を構成する砂岩は比較的均質な「粗粒凝灰質砂岩《そりゅうぎょうかいしつさがん》」で、九州の石英長石斑岩と違う石材だった。

　こうして各地を石材探査したが、これというものはみつけることができなかった。なお、鋳型石材は風化・変質して比較的軟らかくなったものが多い。したがって、石材産地をさがすにあたっては、新鮮な岩石の露出層や採石場だけでなく、岩石が崩落し流され転がっている河川の河原にも探査範囲を広げた。

図56 ● 有田町の泉山陶石場跡
ここの石材（陶石）は固く、本体や文様を彫り込むことが不可能と思われた。

図57 ● 上天草市大矢野町の砥石産地
大矢野で産出される「天草砥石」は古くから有名。軟らかく彫り込みが容易で、鋳造実験でもっとも多く用いた。

鋳型石材の産地を発見

その後、春日市出土の鋳型石材で生成年代の測定ができ、その結果石英長石斑岩の生成年代が後期白亜紀《はくあき》であることが判明した。そこで探査対象は同じ年代の岩石が分布する地域に転換すべきであると唐木田教授は考えた。そのなかでもっとも可能性のある場所として、白雲母を特徴的に含む佐賀花崗岩が分布する脊振山地南縁部を探査した。

調査には唐木田教授とその協力者である首藤次生氏ともども各地に出向いた。しかしながら、ここでもなかなかみつけることができなかった。そこでつぎは、同じ生成年代の白亜紀花崗岩類が分布する、筑後川より南の筑肥《ちくひ》山地に調査地を移した。

二〇〇四年二月、筑肥山地の南側にあたる熊本県山鹿《やまが》市の岩野《いわの》川の河原でみつけた転石が、目的の岩石にきわめてよく似ていることから、プレパラートをつくり顕微鏡で観察をおこなった。その結果、石英長石斑岩であることが確認された。

その直後、目的の岩石は筑肥山地北側の八女《やめ》市黒木《くろき》町と筑後市船小屋《ふなごや》温泉間の矢部《やべ》川河原に転石として多量に存在することがわかった（**図58**）。そしてさらには、国土地理院作成の五万分の一

図58 ● 鋳型石材の発見
左：福岡県八女市黒木町矢部川の河原。右：転石の調査。ねずみ色の凝灰岩のなかに白い石が散在しているのでわかりやすい。これが石英長石斑岩である。

表層地質図「久留米」内で「細粒アプライト」と記されている岩石がまさしくここでいう石英長石斑岩であり、矢部川流域の転石の原岩であることがわかった。

原岩は八女市黒木町～立花《たちばな》町の筑肥山地北側一帯の露頭（図59）から崩落し、辺春《へばる》川から矢部川の川岸一帯に時間をかけて流れ出したため、河原の転石には、鋳型石材にみられるような風化・変質したものがかなりあることもわかった。

このときの感動を唐木田教授は「二〇年来の探し物がみつかりました。八女市柳島《やなぎしま》の矢部川の河原には、暗灰色の安山岩・変成岩礫のあいだに大小の白い礫が散在しています。白と黒があざやかな対照をなし、白い礫が浮き出ている、こんな光景に出会ったのははじめてでした。この白い転石はまさしく石英長石斑岩で、筑肥山地の三郡《さんぐん》変成岩に貫入した岩脈から由来したものです」と記している。

こうした鋳型石材と筑肥山地産出の石英長石斑岩との岩石学的性質や風化状態の酷似とともに、その岩石の産出が地質的にも地城的にもきわめて限定的であることは、今回発見された矢部川流域一帯が、鋳型石材の原産地である可能性がきわめて高いことを示唆している、との唐木田教授の見解が出された。

図59 ● 石英長石斑岩の露頭（八女市立花町辺春地区）
火山活動の最後段階で重い鉱物が抜け、石英・長石などが地表近くまで上がってきて貫入して固まったのではないかと考えられている。この状態がみえる露頭である。

石材産地周辺の類例調査

つぎに、この地域あるいは近辺の八女市一帯の遺跡から出土していないかを調べるため、八女市の岩戸山《いわとやま》歴史資料館を訪問した。赤崎敏男学芸員（当時）の説明によると、八女および周辺地域で青銅器鋳型の出土はなく、同じような石材は砥石に多く使われているとのことだった。弥生時代から古墳時代にかけての遺跡から出土した砥石をみせてもらうと、他の地域の砥石とくらべるとかなりな大きなものだった（図60）。

砥石としてはまだあまり使用されず、四面体あるいは多面体に切り出したままのものもあった。長いものでは六〇センチほどある。これらの砥石類を観察した唐木田教授は、石英長石斑岩でまちがいないとの見解を出した。

その後、九州大学准教授田尻義了氏の調査により、八女市の北山今小路《きたやまいまこうじ》遺跡出土から石英長石斑岩の剝片が多量に出土していることがわかった。遺跡は矢部川に近接した集落跡で、縄文晩期の小児用甕棺や弥生時代中期の住居跡も確認されたが、弥生時代後期から古墳時代初頭にかけての二〇〇軒以上におよぶ大集落跡だった。土器・石鏃・石斧などの遺物のほか、石英長石斑岩の資料が二〇四点確認さ

図60 ● 八女市内の遺跡から出土した砥石類
八女市内の各遺跡から出土した砥石類を調査。ほとんどが石英長石斑岩だった。60㎝ほどの四面体ないしは多面体の切り出したままの状態のものもみられた。

れている。内訳は半数近くが砥石に類する遺物だが、原石三四点・河原石片一二点・剝片四八点が確認できたと報告されている。

田尻准教授は丸い河原石を、鋳型石材としての平坦面をつくるために加工し剝片が生じたと考え、この北山今小路遺跡が「弥生時代の青銅器鋳型の加工場」だと判断している。しかし、集落の時期の大半が弥生時代後期から古墳時代初頭にかけてであり、中期の住居跡が少ない。時期別の内容検討が今後の課題であろう。矢部川流域一帯のさらなる事例増加、具体的には弥生時代中期の集落跡の調査に期待がもたれる。

以上、九州では、細形から広形段階まで「石型」による青銅器製作がおこなわれてきたが、鋳造実験から、製作工程でもっとも肝心なことは石材の乾燥・加熱であること、青銅を溶かす施設と道具について土器炉と素焼きのルツボでも十分に耐えうることがわかった。土器炉は強い季節風をうまくとり込み煙突効果を利用すれば、自然送風でも必要温度まで上げることが可能だった。また鋳型は、乾燥・加熱をしっかりおこなえば何回でも使用できることもわかった。これにより同じ青銅器を各地に配布できるのである。

鋳型の石材として使われていたのは「石英長石斑岩」がほとんどを占め、その産地が八女市立花町一帯で、矢部川流域の黒木町から船小屋温泉間の河原の転石などが供給されていた。

こうした考察結果から、弥生時代の工人たちは、強い季節風が吹く時期に鋳込みをおこない、それ以外の季節に青銅の材料や鋳型の石材を調達し、鋳型を彫り込むなどの作業をおこなっていたことがみえてきたのである。

第５章　弥生時代のテクノポリス

1　青銅器生産と渡来人

有明海沿岸で繁栄した初期青銅器生産

弥生時代の日本列島に住む人びとが青銅器を使うことを知った。そしてその後、自分たちの手で思いどおりにつくりはじめた。その出発点はいつの時点で、どの地域だったのだろうか。

一九八〇年代以前には、初期の細形タイプの青銅器（銅剣・銅矛・銅戈）はすべて朝鮮半島から渡来したもので、日本列島では中細形タイプから生産がはじまったとされていた。福岡市志賀島《しかのしま》の勝馬浦《かつまうら》（図61）で出土した銅剣鋳型（図62①）をはじめ福岡平野周辺や嘉穂《かほ》盆地から出土していた鋳型をめぐって、「細形」タイプなのか「中細形」タイプなのかの議論がおこなわれていた。ところがその後、佐賀平野をはじめとして有明海沿岸一帯から古い段階の青銅器の鋳型が相次いで発見されることになる（図61）。

一九八四年、佐賀市大和町の惣座《そうざ》遺跡から、明らかに細形タイプと判断される銅剣・銅矛の両面鋳型が出土し（**図62②**）、日本列島でも細形の段階から青銅器を生産していたことが判明した。その後、佐賀市の鍋《なべ》島本村南《しまほんそんみなみ》遺跡から細形銅戈鋳型が、神埼市千代田町の姉《あね》遺跡から細形銅矛・中細形銅剣鋳型などが相次いで出土した。

さらに一九八九年、吉野ヶ里遺跡で銅剣三面・銅矛一面を彫り込んだ四面鋳型（**図62③**）をはじめとする五点の細形～中細形鋳型類が、フイゴの羽口やトリベと推定される土製品とともに出土し、また銅滓《どうさい》の出土も報告された。ともに出土した土器は弥生時代前期末

図61 ● 弥生時代の古い段階の青銅器鋳型出土遺跡
細～中細形タイプの鋳型が有明海側では質量ともに豊富であり、無文土器をともなうことが多い（本文中ではふれていないが、鍋島本村南・姉・八の坪・白藤遺跡からも無文土器が出土している）。

にさかのぼるものもあり、青銅器の生産もそこまでさかのぼる可能性が指摘された。

また、弥生時代中期前半に限定して出土するヤリガンナをつくる鋳型が、小城《おぎ》市の土生《はぶ》遺跡から出土し（図62④）、弥生時代中期前半期に青銅器の生産が開始されていたことが決定的な事実となった。本行遺跡からもヤリガンナの鋳型が出土していることは第3章でみてきた。このほか小城市の仁俣《ふたまた》遺跡・福岡県添田《そえだ》町の庄原《しょうばる》遺跡・同那珂川《なかがわ》町の安徳台《あんとくだい》遺跡などからも出土している。

これら古い段階の鋳型の時期を概観すると、吉野ヶ里遺跡では前期末〜中期初頭の土器、土生遺跡・仁俣遺跡・鍋島本村南遺跡などからは前期末〜中期前半の土器が出土しており、日本列島での銅剣・銅矛生産は弥生時代中期前半、それも早い時期に、細形タイプの段階からはじまっていたことは確実である。

①勝馬浦の銅剣鋳型

②惣座遺跡の銅剣・銅矛鋳型

③吉野ヶ里遺跡の四面鋳型（左）と銅矛鋳型（右）

④土生遺跡のヤリガンナ鋳型

図62 ● 佐賀平野で出土した初期青銅器鋳型類

①②③の石材はいずれも石英長石斑岩（①：長さ18.0cm、②：長さ5.2cm、③左：長さ6.8cm、③右：長さ10.5cm）、④は角閃石という滑石に似た石材（長さ7.7cm）。

そして、細形タイプの初期青銅器鋳型の出土状態を平野別にみると、佐賀平野が九遺跡から一四点二二面、福岡平野が七遺跡から八点八面、そのほかの地域からは五遺跡七点九面で、初期鋳型の出土は佐賀平野に比較的多い。とりわけ吉野ヶ里遺跡以西にヤリガンナ鋳型を含めて、より古いタイプのものが多く、それが漸次西から東へと移行する様子がみてとれるのである。

朝鮮半島系無文土器の出土

さて、こうした弥生時代前期末〜中期前半期の青銅器鋳型が出土する遺跡では、朝鮮半島系無文《むもん》土器（以下、無文土器）が出土する例が多い（**図61・63**）。無文土器の出土状況から北部九州における渡来土器と渡来人の動向をみていこう。

福岡平野にある福岡市板付《いたづけ》遺跡群の諸岡《もろおか》遺跡（**図61参照、以下同**）でも無文土器が出土しているが、甕形土器だけに限定されている。日常生活には貯蔵用の壺や供献用の高坏なども必要であるが、これらが出土しないのは、渡来した人びとが短期間だけ滞在したのか、あるいはすぐに同化していった

牛角把手付壺　　粘土帯甕形土器　　高坏

図63 ● 土生・仁保遺跡出土の無文土器
小城市土生遺跡群は銅製ヤリガンナをはじめとして8点の鋳型が出土し、無文土器とそれに続く擬無文土器も多く出土している。青銅器をつくる文化をもった渡来人の存在を想像させる。

ことを示している。

一方、福岡平野から筑紫平野側への東の入り口にあたる小郡《おごおり》市の横隈鍋倉《よこくまなべくら》遺跡および隣接する三国《みくに》の鼻《はな》遺跡では、甕・壺・高坏・鉢などの無文土器の生活器具がセットで竪穴住居跡や貯蔵穴から出土している。これらの土器が集中的に出土する一角があり、なかには無文土器だけが出土する竪穴住居跡も確認されている。土器に使われた粘土を分析した結果、粘土は地元のものであることが判明している。渡来人と弥生人は同じ集落に住みながら、それぞれの土器文化を継承していたことがわかる。

さらに佐賀平野の中心部に位置する佐賀市の増田遺跡では、これまでに五〇〇基以上の中期前半の甕棺墓を中心とした墳墓群が確認され、大陸から渡来した多鈕細文鏡《たちゅうさいもんきょう》が一面出土し、甕棺墓のなかには無文土器を使用したものが数基存在したことが報告されている。

先に紹介した佐賀平野西側の土生遺跡では、朝鮮半島南部産の完形の「踏《ふ》み鋤《すき》」が出土し（図64）、渡来人の存在をうかがわせるが、さらに弥生時代前期末〜中期前半期にかけて、まず無文土器があり、その後、その発展形態である「擬朝鮮系無文土器」とみるべき土器群が出土している。

このことから小郡市教育委員会の片岡宏二氏は、「累代の

図64 ● 土生遺跡出土の踏み鋤
木製組み合わせ式の踏み鋤。弥生時代の河川跡から出土。朝鮮半島独特のもので「タビ」とよばれ、直接もたらされたと考えられる（長さ153cm）。

渡来人集落」があったと指摘している。

また吉野ヶ里遺跡も同じような傾向を示している。吉野ヶ里遺跡は日本最大級の環壕集落であると同時に、発見された建物群や壕と土塁など施設の配置が「魏志倭人伝」の記述に符合するところが多く、弥生時代の地域的な「クニ」(原始的国家)の成り立ちや構造を明らかにできる遺跡として大きな脚光をあびた。また朝鮮半島系の「松菊里式住居跡」や無文土器も出土し(図65)、「クニ」の成り立ちと渡来人との関連性も考えさせる。さらに鋳造に関連する遺物の出土は、拠点集落にともなう青銅器工房と渡来人との関連をうかがわせるのである。

以上のような事例から、無文土器の出土状態を福岡平野側と筑紫平野側とで比較してみると、福岡平野側では器種セットが認められず単発で、その後の展開もなく一時的なものであるが、筑紫平野側では生活に必要なセット関係が認められ、系統的でその後の発展性もみられ、甕棺墓に使用されるという多様性がある、という違いがある。渡来人は、筑紫平野に深く広く進出していたといえよう。

牛角把手付壺

粘土帯甕形土器

図65 ● 吉野ヶ里遺跡出土の無文土器
青銅器を鋳造したと考えられる遺構周辺からも朝鮮系無文土器が出土し、青銅器鋳造に渡来人が関わったことを示唆している。

有明海沿岸への渡来の波

紀元前二二一年、中国大陸にはじめての統一王朝の「秦」が誕生した。しかし、わずか一六年で滅亡し、動乱の時代がはじまる。紀元前二〇二年、「前漢」が成立する。そして、紀元前一〇八年に前漢の武帝が衛氏《えいし》朝鮮を滅ぼし、楽浪郡などの四郡を設置した余波が、朝鮮半島南部を経由して日本列島におよんでくる。

このような一連の動きのなかで日本列島へ、はじめは朝鮮半島製の文物が、後には中国大陸製の文物が渡来するようになる。そして、このとき渡来してきたのは物だけではなく、技術や文化をもった多くの分野におよぶ渡来人たちが、より広大でかつ水も豊かで肥沃な平野である有明海をかこむ筑紫平野をめざして来たものと考えられる。筑紫平野は、熊本平野・筑後平野・佐賀平野に分かれるが、合わせて一三〇〇平方キロの広さをもつ九州最大の平野である。ちなみに福岡平野は二五〇平方キロである。

以上のことから読みとれることは、縄文時代から弥生時代初期にかけて弥生文化が伝わったのは日常的な交流による玄界灘沿岸の各平野であったが、弥生時代前期末〜中期前半になると、有明海をかこむ各平野により多くの渡来人が渡ってきて、青銅器生産をはじめ多くの分野にわたる技術や文化が伝来したのではないだろうか、ということである。

柚比遺跡群の弥生人骨は渡来人

では、安永田遺跡を含む柚比遺跡群ではどうだろうか。三〇年間をかけて三〇遺跡以上、およそ三〇〇ヘクタールの確認調査、約六五ヘクタールの本調査を実施し、膨大な量の土器が出土しているが、無文土器の出土はいまだ確証あるものはない。しかし、甕棺墓に埋葬された人骨（図66）の鑑定分析から渡来人の足跡をうかがうことができる。

柚比遺跡群では、安永田遺跡の七四体をはじめ八遺跡二八六体分の弥生人骨が出土しており、鑑定分析が進んでいる。鑑定された人骨は男性が一二七体、女性が六五体、未成人が四八体、性・年齢不明が四六体である。

鑑定分析の結果、男性により強くみられる傾向として、頭や顔面の幅が狭く顔面の高い要素が強いことがわかった。各遺跡間の違いも少なく、平均身長も高く一六四センチで、いわゆる「高顔・高身長のグループ」にまとまっている。そして、その他の要素も柚比遺跡群の弥生人は佐賀平野・福岡平野の人骨よりも渡来人的形質を強くもっている、という分析結果が出ている（図67）。女性に関しては残存状態があまりよくなく、同じような傾向を示すが男性人骨ほど渡来人的形質は強くない、との分析結果だった。

図66 ● 安永田遺跡出土の甕棺墓と人骨
顔面に朱を塗った熟年の女性人骨。残りの状態が良く、推定身長151.5㎝、顔面は狭く高顔で渡来系と判断できると報告されている。

このように柚比遺跡群の出土人骨は渡来人的形質をもっていることがわかったが、日常生活で多用されるはずの土器に無文土器を認めることはできないのは何を意味するのか。現在のところ不明であり、ナゾとせざるをえない。

それでも有明海沿岸の各遺跡で無文土器が継続的かつ多様性のある使われ方をしていること、発展した擬朝鮮系無文土器も認められることから、有明海沿岸地域に渡来人が広く深く入り込み、「青銅器をつくる文化」をはじめさまざまな文化を伝えたものと考えられるのである。

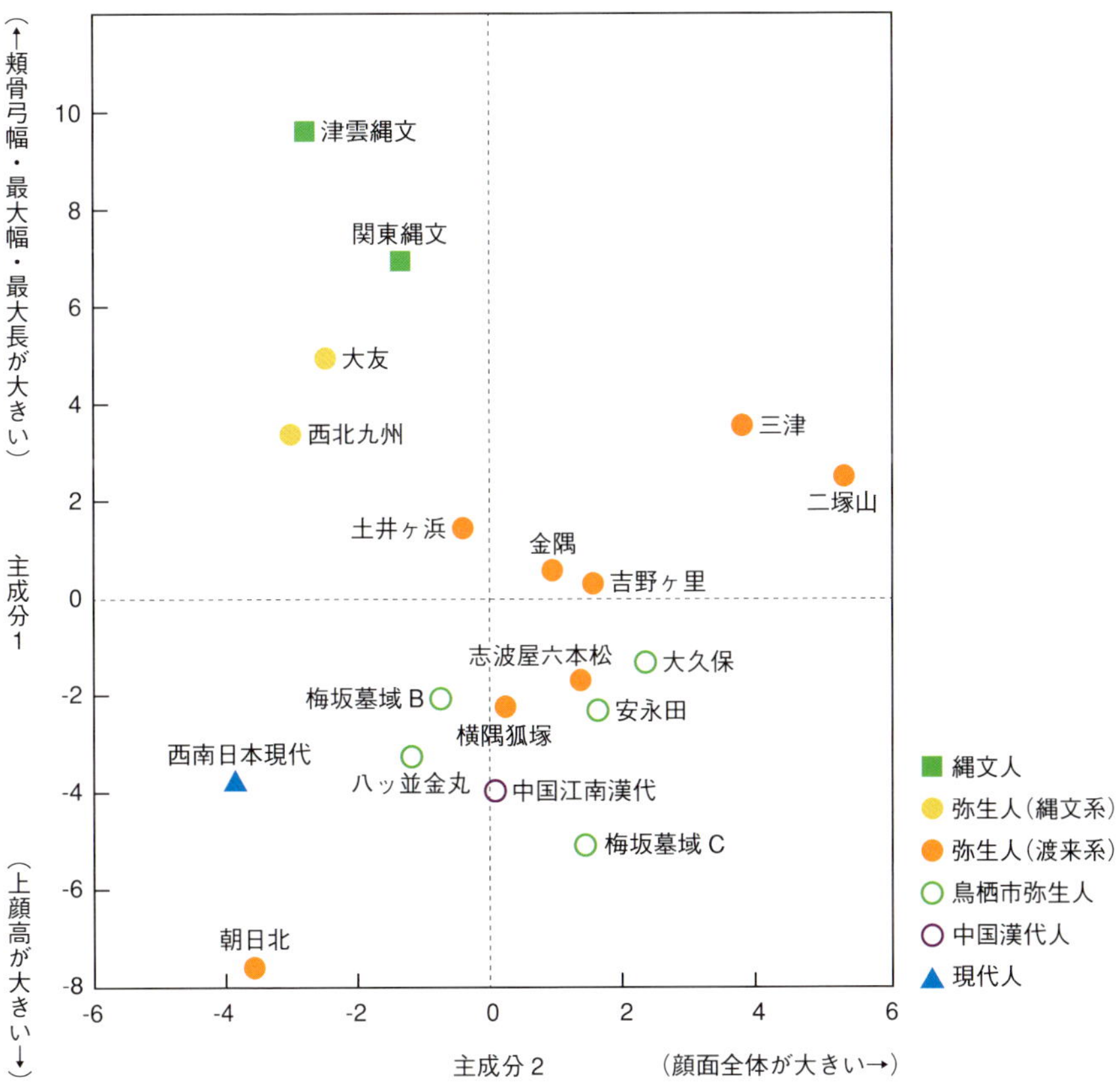

図67 • 頭・顔面成分分析による弥生時代人の比較
縦軸の主成分1は頬骨や頭蓋骨が幅広いほどプラスに、横軸の主成分2は顔面全体が大きいほどプラス側に位置する。左上ほど顔が短く小さい、右下ほど顔が長く大きいことになる。

銅鐸と鐸形土製品

朝鮮半島との関係では「鐸形土製品」も注目され、また九州の銅鐸文化を考えるうえでも欠かせない。

鐸形土製品とは、銅鐸や小銅鐸を粘土でつくったもので、西は佐賀県・福岡県から東は東京都・千葉県まで広い範囲にわたり一〇〇点以上の出土が報告され、北部九州からはこれまでに佐賀平野を中心に三〇点以上が報告されている。

鐸形土製品には、①鈕・舞・身の表現が明確なタイプ、②舞の表現が曖昧で鈕と身が一体化したタイプ、③時期が下がると、鈕が表現されていないタイプに分類でき、銅鐸とは違う独自の発展段階をたどったことがわかっている。

①のタイプのなかには、神埼市千代田町の託田西分《たくたにしぶん》遺跡出土のもの（**図68右**）のように、朝鮮式小銅鐸と同じく身の中央に型持《かたもたせ》の孔がある。そして①のタイプ

図68 ● 託田西分遺跡出土の鐸形土製品
弥生時代中期前半〜後期。中央上のものの身に型持の孔がある。右下の細長いものは土製の舌。鐸形土製品の多くは鰭をもたないが、左端のものには鰭を意識した表現がみられる。

は現在までのところ佐賀平野だけからの出土であり、時期は弥生時代中期前半期に相当すると考えられ、この時期かあるいはその直前に有明海側に入ってきた、朝鮮半島産の小銅鐸をみながらつくったものと考えることができる。

佐賀平野東部からはそのほかに、みやき町の本分《ほんぶん》貝塚、神埼市の川寄吉原《かわよりよしはら》・川寄若宮《かわよりわかみや》・利田《としだ》柳《やなぎ》遺跡や、吉野ヶ里遺跡・本行遺跡・柚比本村遺跡などから、合計一五点もの鐸形土製品が出土している。

柚比本村遺跡出土のもの（図69）は近接する安永田遺跡の銅鐸鋳型と同じ中期後半期のもので、身の部分に細い針状のもので眼のような「辟邪文」を描いた鐸形土製品である。安永田遺跡で生産された銅鐸を意識してつくったことを想像させるのは特筆に値するであろう。

以上のように、銅鐸と鋳型と鐸形土製品から得られる知見をまとめてみると、弥生時代中期前半期もしくはそれ以前に、北部九州にもたらされたほかの武器形青銅器と同じように、まず朝鮮半島産の小銅鐸がもたらされ、それを元に北部九州産の朝鮮式小銅鐸と無文小銅鐸の製作がはじまり、北部九州独自の銅鐸の系譜をたどった。そして銅剣が九州では大型化せず、中国・四国地方で大型化するのと同じように、銅鐸も北部九州では大型化せず、近畿地方で大型化することに

図69 ● 柚比本村遺跡出土の鐸形土製品
安永田遺跡出土の銅鐸鋳型と同時期の弥生時代後半の土坑から出土した。明らかに眼の文様を描いている。福田型銅鐸の辟邪文に通じるものであろう。

なった、と考えられる。

そして独自の発展の系譜をたどることができる「鐸形土製品」が出土していることを考えあわせると、北部九州では大型化はしなかったけれども、「銅鐸の生産」はもちろんのこと「銅鐸を道具とする農耕祭祀」もおこなわれていたことがいえよう。

綾杉状の研ぎ分け文様をもった銅矛

有明海沿岸地域の青銅器にかかわる文化的まとまりをさらにみていこう。

弥生時代の中広形銅矛のうち「綾杉状の研ぎ分け文様」（以下、研ぎ分け文様）をもつ特異な銅矛の存在が知られている。矢羽《やばね》を図案化した矢絣《やがすり》模様で、光のあたり具合で矢羽のかたちに光り、清々しく勇ましい印象を与え、魔をはらう意味もあるので古くからいろいろなものに

図70 ● 綾杉状の研ぎ分け文様の銅矛
左：目達原出土。発見された中広銅矛4本の内2本に綾杉状の研ぎ分けがみられる。
右：荒神谷遺跡出土。全部で16本、中広銅矛14本が出土しているが、このうち7本に研ぎ分けが施されている。

使われる。

この研ぎ分け文様をもつ中広形銅矛の出土事例をみてみよう。筑紫平野では、佐賀県東部、吉野ヶ里町の目達原《めたばる》（図72参照、以下同）出土から出土した銅矛四本のうちの二本（図70左）が、吉野ヶ里町の東隣り、みやき町の検見谷《けみたに》遺跡出土の一二本のうち一〇本（図71）が、そして伝鳥栖市田代《たしろ》とされているもの、また、筑後川中流域の朝倉市の甘木下渕《あまぎしたふち》で三本のうちの一本、朝倉市の東隣り、うきは市の小塩《こじお》に一本、さらに東へ向かい東九州の大分県宇佐市の谷迫《たにさこ》の七本のうち三本の出土例がある。

玄界灘側では、唐津平野の唐津市千々賀《ちちか》庚申《こうしん》山《やま》の双耳《そうじ》銅矛一本、福岡平野の須玖岡本遺跡D地点一本の出土例がある。また遠く離れた島根県出雲市の荒神谷遺跡では、一六本のうち七本が知られている（図70右）。

以上、現在まで合計二四本が研ぎ分け文様を

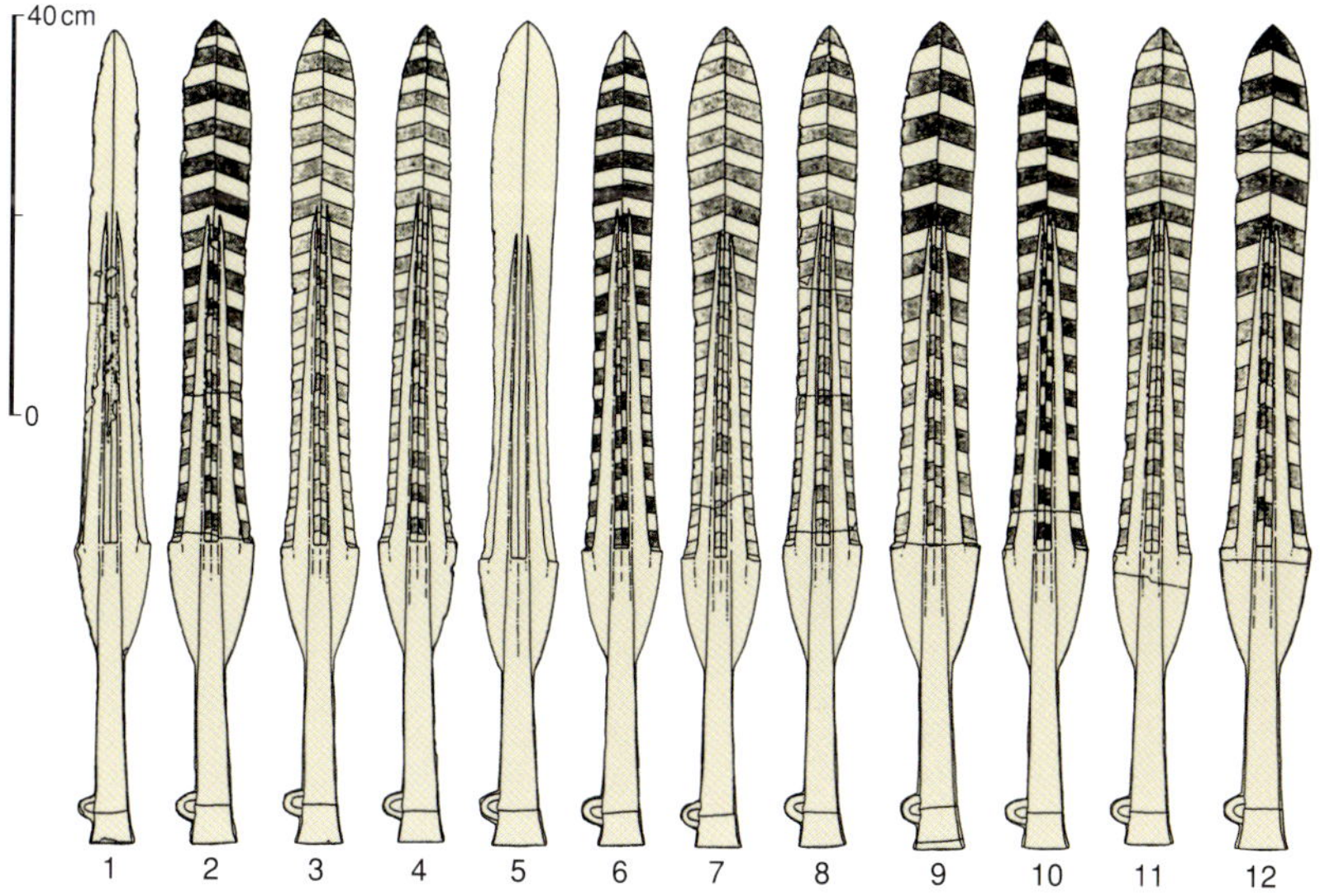

図71 • **検見谷遺跡出土の銅矛実測図**
鳥栖市の南西部に隣接するみやき町北茂安大字白壁から、1985年に偶然発見、その後発掘調査された。埋納された武器形祭祀のようすがわかる貴重な資料である。

もつ銅矛として知られている。地域ごとにまとめてみると、玄界灘側は二本、有明海側は一五本（佐賀平野東部が一三本、筑後川中流域が二本）、さらに筑後川を通り抜けた東九州に三本の出土が、研ぎ分け文様をもった銅矛の分布状態となる。

これに対し中広形銅矛の鋳型の出土は、福岡平野の春日市須玖岡本町から一点、同大谷遺跡から一点、同赤井手《あかいで》遺跡から一点で、安永田遺跡からは鋳型二点が出土している。このように中広形銅矛の生産地は、現在までのところ春日市域と鳥栖市域に限定される。

鋳型と製品の分布状態を重ね合わせると、研ぎ分け文様をもった銅矛は佐賀平野東部から筑後川流域にかけて多く、その中心にある安永田遺跡で製作された可能性が大である。

この状態にさらに、文様を施さない中広形銅矛の分布状態も合わせてみてみると、玄界灘側は一五本でこのタイプの銅矛の出土分布は少なく、逆に有明海側は四八本と多いといえよう。

出雲との交易

つぎに銅鐸と研ぎ分け文様をもつ銅矛の分布の意味を考えてみよう。

荒神谷遺跡から出土した銅鐸のうち一号銅鐸が、福田型銅鐸と同じように鰭に複合鋸歯文をもち、重弧文をもつ銅鐸であることは第3章でみてきた（**図23参照**）。同様の文様を本行遺跡の銅鐸鋳型（**図34参照**）にみることができる。鰭幅が狭く、斜格子の横帯文をもち、半円重圏文の描かれた本行遺跡出土の銅鐸鋳型は、荒神谷五号銅鐸と系統的に近いものと考えられる。

こうしてみていくと、本行遺跡もしくは安永田遺跡でつくられた銅鐸が、研ぎ分け文様をもった銅矛とともに山陰・山陽地域に運ばれたことは充分に想像できる（図72）。

研ぎ分け文様をもった銅矛は、佐賀平野東部から筑後川をさかのぼり、東九州へと広がる範囲への伝播経路が考えられ、さらにその先の山陰へと至るものと考えられる。

荒神谷遺跡では先に述べたように、この銅矛は福田型銅鐸とともに出土している。さらに福田型銅鐸は山陽・山陰各地で出土している。そして九州では吉野ヶ里遺跡から出土し、伝出雲銅鐸と同じ鋳型でつくられた兄弟銅鐸であることも判明している。

安永田遺跡もしくは本行遺跡でつくられた銅鐸が、安永田遺跡でつくられた研ぎ分け文様をもった銅矛を含めて山陰・山陽地域に交易されていたことについて説明してきた。では、山陰・山陽地域とりわけ出雲地域からは何がもたらされたのだろうか。

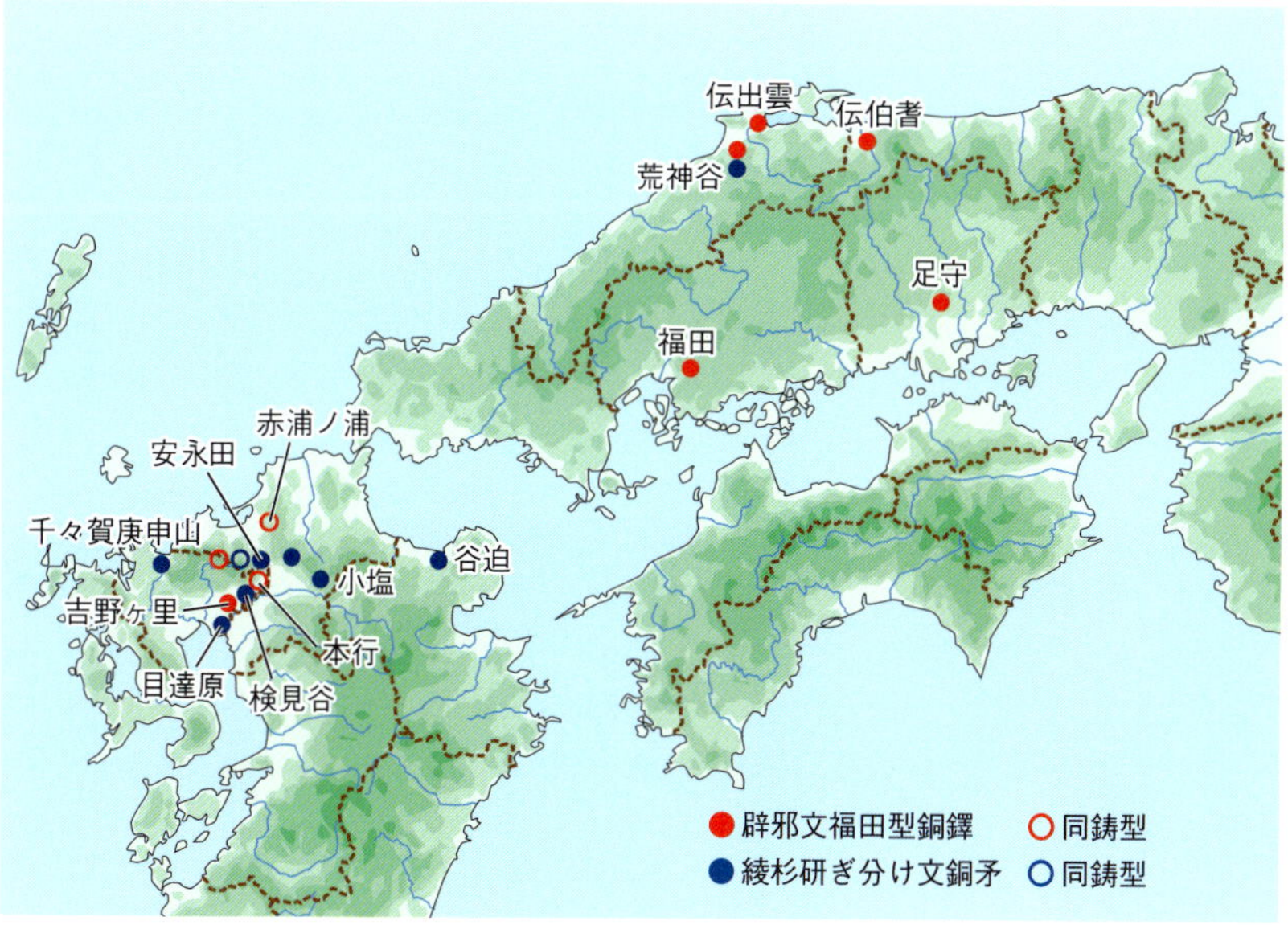

図72 ● 福田型銅鐸と綾杉状研ぎ分け中広銅矛の分布
現在のところ、福田型銅鐸は九州内では吉野ヶ里遺跡だけで、ほかは山陰・山陽地方で出土し、研ぎ分け銅矛は北部九州内を東西に広がり、ほかは山陰の荒神谷遺跡だけで出土する。

このことを考える素材となるのが、柚比本村遺跡出土の赤漆玉鈿装鞘付銅剣（図30参照）である。漆に碧玉を埋め込む技法は、きわめて高度な漆工芸である。中国では西周時代・前漢時代に象眼を施した漆器が出土しており、この工芸技法はかなり古くさかのぼることがわかっている。柚比本村遺跡の赤漆鞘は、こうした技術が弥生時代中期前半期までに渡来していたことを示している。

日本列島ではおもに東北で縄文時代の漆製品が知られているが、弥生時代になると東日本では姿を消し、西日本とりわけ出雲地方で、黒漆ではあるが、漆製品が出土するようになる。また、同じく出雲地方の花仙《かせん》山麓の玉造温泉一帯は、出雲石ともよばれる碧玉が産出する。

漆と碧玉という材料のセットで、山陰地方との交易を考えることができるのではないだろうか。ちなみに柚比本村遺跡に西隣する前田遺跡からはわずかではあるが、高坏形土器の一部に黒漆が塗布されていた。また、谷をはさんで東に位置する大久保遺跡で、赤漆の顔料である「ベンガラ」が出土していることは、その意を強くさせる。

北部九州弥生文化圏

青銅器鋳型の石材「石英長石斑岩」については、第4章で述べたように唐木田教授の努力によって、八女市黒木町一帯～立花町辺春地区一帯と、そこからの転石である矢部川の河原に産出することが判明した。岩石の産地が地質からいっても地域からいってもきわめて限定的であることもわかっている。

　しかし、八女市周辺の弥生時代の遺跡ではもっぱら砥石として利用されているが、青銅器を生産する地域では鋳型石材として利用されている。八女市周辺では現在までのところ、弥生時代の青銅器鋳型は出土していない。八女市周辺は青銅器を生産する地域ではなく、交易によって手に入れる地域だろうと考えられる。

　北部九州ではこれまでに、福岡市西区の今山遺跡で石斧が、飯塚市の立岩遺跡で石庖丁が製作され、交易され広く分布していることが知られている（**図74参照**）。安永田遺跡からも出土している（**図73**）。

　今山遺跡は、標高八〇メートルほどの玄武岩で構成された小さな独立丘陵である。山頂および山麓に存在する玄武岩の露頭や転石を材料として、特徴的な太型蛤刃石斧《ふとがたはまぐりばせきふ》をつくっていたようで、粗割り・打ち欠

図73 ● **安永田遺跡出土の石器**
右上：今山石斧、左下：立岩石庖丁。今山遺跡は福岡市西区今津湾の東側に位置し、ねずみ色をした玄武岩を用いて大形蛤刃石斧をつくっていた。立岩遺跡群焼ノ庄・下方遺跡は宮若市笠置山の小豆色した輝緑凝灰岩で石庖丁をつくっていた。

き・研磨の全工程におよ未成品が古くからみつかっていた。最近の調査で、その石斧製作が弥生時代前期末までさかのぼることがわかった。そしてこの今山産の石斧が北部九州の広範な地域から出土している。

立岩遺跡は、弥生時代中期の遺跡群の総称であるが、立岩焼《やけ》ノ庄《しょう》・下方《しものかた》遺跡からは石庖丁の未成品が大量に出土している。この石材は特徴的な小豆色をしており、産地は飯塚市郊外の笠置《かさぎ》山周辺産の輝緑凝灰岩《きりょくぎょうかいがん》である。笠置山で石材を採取した痕跡もみつかっている。この立岩産石庖丁も同じく北部九州各地から数多く出土している。

このことは、特定の地域が石斧や石庖丁などの石器を製作し、北部九州という範囲を対象に

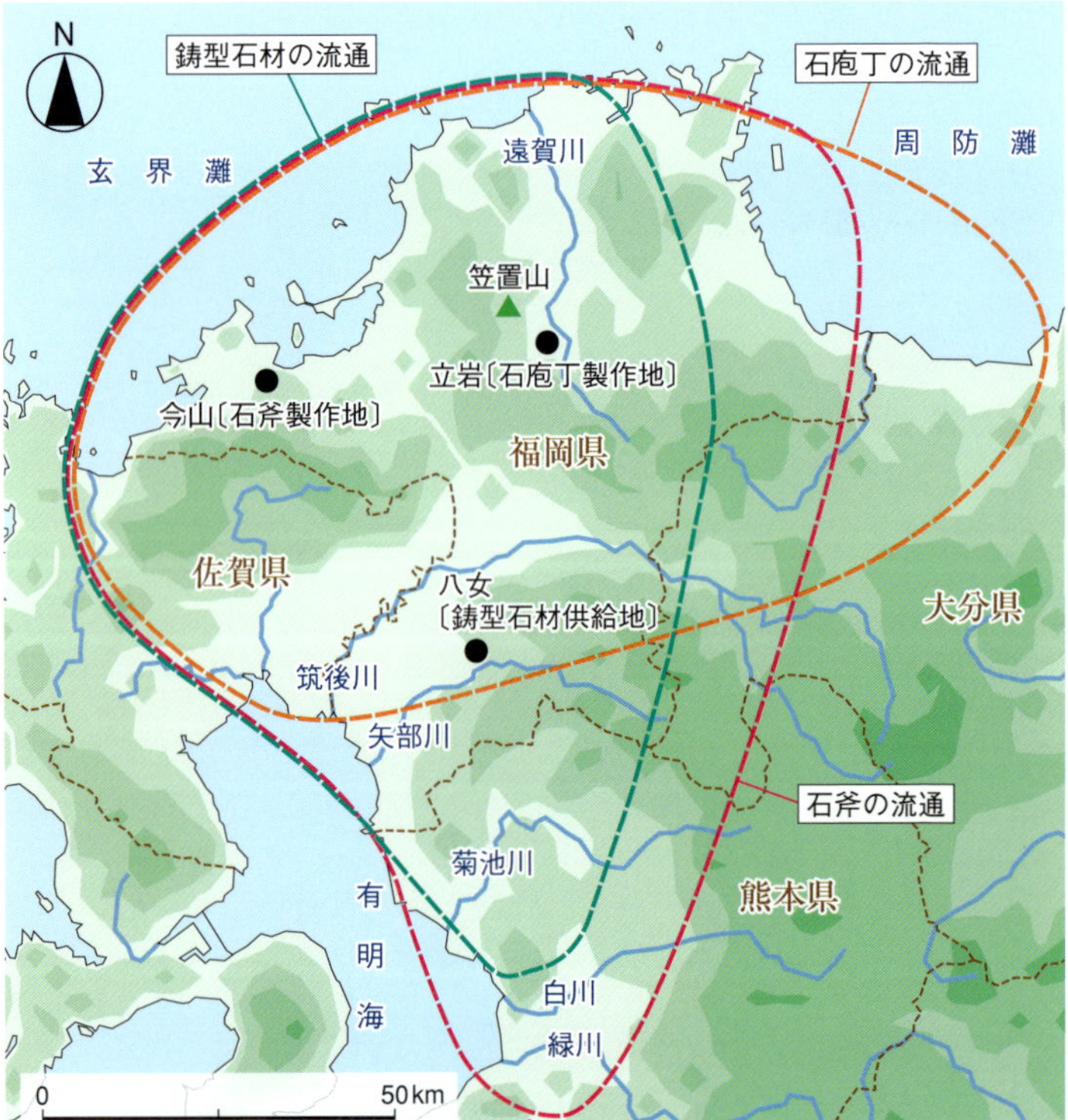

図74 ● 北部九州弥生文化圏
今山産の石斧と立岩産の石庖丁が流通し、甕棺墓制が普及している範囲内に、同じように鋳型石材（八女石材）も分布している。

して交易するような地域間の社会的分業がおこなわれていたことを意味する。それらの流通範囲は、北は壱岐・対馬、西は佐賀県・福岡県の玄界灘沿岸地域、東は筑後川をさかのぼった大分県宇佐地域、南は有明海沿岸の筑紫平野から熊本県北部の菊池《きくち》川流域までおよんでいる（図74）。

分業による製品が流通するだけではなく、交易範囲内には大形の専用甕をつかった甕棺墓制が普及している。なかでも王墓に相当する墓群は多くが墳丘墓であり、王墓内には青銅製武器、のちには中国から渡来してきた青銅鏡などの威信財が副葬されている。先に述べた吉野ヶ里遺跡などの墳丘墓のほか、立岩堀田遺跡でも石庖丁交易の財力を背景にして、六面の前漢鏡などや青銅器・鉄器を副葬した甕棺墓群の墳丘墓もみつかっている。

以上のような生産道具から墓までを含めた文化のありさまは、ほかの文化的要因も含めて「北部九州弥生文化圏」とよばれている。

鋳型石材についてもその産地が八女地区と限定されたことにより、流通・交易範囲が今山産石斧や立岩産石庖丁と同じように、「北部九州弥生文化圏」内で流通していた可能性を秘めていることが十分に考えられる。

西に佐賀平野、東に筑後川中流域の両筑平野、南に筑後平野、そして北に二日市地狭帯を経て福岡平野へと通じる文化の十字路（クロスロード）に位置する鳥栖地域は、弥生時代から文物・文化の交易・交流をおし進めた地域であり、現代でも「交通の要衝」であり「九州のへそ」といわれている。

3 残された課題

なぜ安永田工房は後期以降存続しないのか

弥生時代の中期前半期、有明海をかこむ各平野に集中的に初期段階の鋳型が出土し、「青銅器をつくる文化」が花開いた。ところが、中期後半期になると鋳型を出土する遺跡は散発的になり、複数個以上の鋳型が出土するのは安永田遺跡だけとなる。

それに反比例するかのように、弥生時代中期中ごろからはじまった福岡平野の青銅器生産は、平野各地に散発的な状態で鋳型が出土し、春日市域では、中期前半段階には小銅鐸の鋳型が主だったのが、中期後半以降とりわけ後期には、大量の鋳造関連遺物が出土し（図75）、青銅器生産などが盛んにおこなわれたことがわかっている。

なかでも須玖岡本遺跡の周辺は、一〇カ所以上もの各種の生産工房跡が確認されている。春日丘

図75 ● 須玖岡本遺跡坂本地区出土の青銅器鋳造関連遺物
左下はフイゴの羽口片、その右横は中子、そのほかはトリベ・ルツボ・土器炉と報告されている。土器炉はそのなかで燃焼させ青銅を溶解した「ルツボ炉」の可能性ありとされている。

陵北方の低地に立地する須玖岡本遺跡坂本地区では青銅器工房跡（図76）が、須玖五反田《すぐごたんだ》遺跡からはガラス製品の工房跡が、赤井手《あかいで》遺跡からは鉄器を生産した工房があり、そして大量に生産された広形銅矛は西日本各地から朝鮮半島南部にまでもたらされているほどである。

一方、柚比遺跡群は弥生時代後期になると急速に縮小し、八ッ並遺跡・平原遺跡のみとなる。しかし、平野部に近い段丘先端部では大規模な環壕集落が形成される。その一例が、先に述べた藤木遺跡である（図5・37参照）。ここでも青銅器製作をおこなっているが、小さな青銅器に限られる。このことは何を意味するのか。他の後期集落遺跡から青銅器鋳型の出土はいまだ散発的であることから、北部九州弥生文化圏全体の意思がはたらいていると考えざるをえない。今後の課題である。

安永田工房のころの王墓は

第1節で述べたように、柚比遺跡群の弥生人は佐賀平野・福岡平野の人骨よりもいっそう渡来人的形質を強くもっている、という分析結果が出ているが、

図76 ● 須玖岡本遺跡坂本地区で確認された青銅器工房跡
周囲に溝がめぐる掘立柱建物跡（白線部分）がみつかり、建物跡内外から鋳造に関連する遺物が出土している。

その具体的痕跡である朝鮮半島系の無文土器は出土しない。これは何を意味するのであろうか。柚比遺跡群の弥生時代の母村的集落である八ッ並遺跡が保存されているので、あるいはそこから無文土器が出土するかもしれない。安永田工房の時期には同化しているか、あるいは安永田遺跡周辺の多くは開発計画外となっているので、その周辺一帯の渡来人の痕跡の解明は今後の課題である。

もう一つ課題がある。安永田で青銅器をつくっていたころの王墓があるのかないのか、もうすでに消滅しているのか、まだどこかに埋蔵されているのか。この探求も残された課題であろう。ただし、一九七九年の確認調査時に、土砂採取跡地から三重の凸帯をもった立派な甕棺土器が出土し、銅戈や鉄剣などがここから出土したものであることが追認され、これらの金属器を副葬した甕棺墓が安永田の王墓だったことも考えられる。

安永田遺跡のこれから

「とす弥生まつり」(図77)は、安永田遺跡から銅鐸や銅矛鋳型など多数が出土し、この地で弥生文化が花開いたことから、一九八八年にはじまり、これまでに二九回を数えている。周辺が弥生時代の遺跡群であることと、春たけなわの弥生三月であることをかけて、桜の名所であるすぐ近くの田代公園で開催される鳥栖市域の春の祭りである。

桜花の下、火錐《ひきり》による火起こし神事からはじまり、古代の装束を身にまとった若人が武人舞《ぶじんまい》、乙女が巫女舞《みこまい》を舞い、おごそかに祭りがはじまる。祭りのなかでは復元した竪穴式住居の周囲で、古代の火起こしや勾玉づくりの体験ができる。過去には青銅器の鋳造実験や弥生土器焼きもおこなわれた。

安永田遺跡公園やヒャーガンサン装飾古墳を中心とした「史跡めぐり」もボランティアガイドの案内でおこなわれ、鳥栖の自然と歴史にふれあう祭りとなっている。メイン広場には舞台が設置され、民俗芸能の獅子舞や踊り、楽器演奏などがつぎつぎ登場し披露される。公園内にはさまざまな民間団体などの売り場や飲食物の提供などのテントがならび、春が来たことを喜ぶ多くの人びとでにぎわう。

「弥生まつり」によって、この地が「古代テクノポリス」であったこと、弥生時代の先進地であったことなどの歴史を人びとが体感できるよう、末永く続いてほしいものだと願っている。

図77 ● とす弥生まつり
柚比遺跡群を望む田代公園で、春３月桜の咲くころ開催される祭り。
市内外から花見を兼ねて史跡めぐりや勾玉・昔遊びの玩具をつくるなど、鳥栖の自然と歴史にふれ合う人びとでにぎわう。

参考文献

天本洋一　一九九四「北部九州の鐸型土製品について」『佐賀考古』一
大阪府立弥生文化博物館　一九九七『青銅の弥生都市』
小郡市史編纂委員会　一九九六『小郡市史』小郡市
小田富士雄　一九八五「銅剣・銅矛国産開始期の再検討」『古文化談叢』一五
小田富士雄・藤丸詔八郎・松永幸男編　一九九七『弥生の鋳物工房とその世界』北九州市立考古博物館
片岡宏二　一九九六『弥生時代渡来人と土器・青銅器』雄山閣出版
唐木田芳文　一九九三「弥生時代青銅器の鋳型石材考」『蟻塔』三九　共立出版
唐木田芳文　二〇〇五「北部九州で出土した弥生時代青銅器鋳型の石材」『鳥栖市誌第二巻　原始・古代編』鳥栖市
北茂安町教育委員会　一九八六『検見谷遺跡』北茂安町文化財調査報告書第二集
久野邦雄　一九九九『青銅器の考古学』学生社
佐賀県教育委員会　一九九七『吉野ヶ里平成二～七年度の発掘調査の概要』佐賀県文化財調査報告書第一三二集
佐賀県教育委員会　二〇〇一～〇三『柚比遺跡群一・二・三』佐賀県文化財調査報告書第一四八・一五〇・一五五集
佐賀県教育委員会　二〇〇二『吉野ヶ里銅鐸』佐賀県文化財調査報告書第一五二集
佐原　眞　一九七九『日本の原始美術⑦　銅鐸』講談社
七田忠昭　一九七六「文様ある銅矛について―佐賀県目達原銅矛の紹介を兼ねて―」『九州考古学』五二
島根県立古代出雲歴史博物館企画展　二〇一二『弥生青銅器に魅せられた人々』島根県立古代出雲歴史博物館
高島忠平　二〇一四「歴史のささやき　九州でも銅鐸は作られた」読売新聞社二〇一四年一二月二六日
鳥栖市教育委員会　一九八五『安永田遺跡』鳥栖市文化財調査報告書第二五集
鳥栖市教育委員会　一九九七『本行遺跡』鳥栖市文化財調査報告書第五一集
鳥栖市誌編纂委員会編　二〇〇五『鳥栖市誌第二巻　原始・古代編』鳥栖市
平田定幸　一九九二「須玖・岡本遺跡周辺の青銅器・ガラス工房群」九州―釜山考古学合同研究会発表資料『日韓青銅器文化の諸問題』
福岡市歴史資料館　一九八六『早良王墓とその時代』
藤瀬禎博　二〇〇二「実験考古学の現在と未来―青銅器―」『季刊考古学』八一　雄山閣
力武卓治　一九八二「席田遺跡群赤穂ノ浦出土の銅鐸鋳型について」『考古学ジャーナル』二一〇

安永田遺跡

・佐賀県鳥栖市柚比町安永田
・見学自由
・交通　JR九州鹿児島線「弥生が丘」駅・「田代」駅どちらからも約2・5キロで、徒歩およそ40分

調査地区を史跡公園として整備し、青銅器鋳造遺構を原位置の上に復元展示し、説明板がある。

安永田史跡公園

柚比梅坂遺跡

・鳥栖市弥生が丘7―5（梅坂公園）
・交通　JR九州鹿児島線「弥生が丘」駅から約2・2キロ、徒歩およそ30分強。途中、弥生が丘北交差点西の公園に柚比本村遺跡の説明板あり

弥生時代中期の甕棺墓群で、柚比遺跡群を代表する墓地として4ヘクタールが梅坂公園として保存されている。

なお梅坂公園には、元八ッ並遺跡にあった古墳時代後期の径20メートルの装飾古墳、ヒャーガンサン古墳の石室を移設・復元整備してある。見学希望は事前に鳥栖市教育委員会文化財係に申し込み。０９４２（８５）３６９５

梅坂公園のヒャーガンサン古墳石室入口

田代太田古墳

・鳥栖市田代本町太田１３７０
・交通　JR九州鹿児島線「田代」駅から約1・8キロ、徒歩およそ30分

古墳時代後期に築造された径約42メートルの彩色壁画系装飾古墳。保存整備され、年1回11月末～12月初めの日曜日に公開している。見学希望は鳥栖市教育委員会に申し込み。近隣に庚申堂塚前方後円墳があり、随時見学できる。

佐賀県立博物館

・佐賀市城内1―15―23
・電話　０９５２（２４）３９４７
・開館時間　9：30～18：00
・休館日　月曜日（祝休日の場合はその翌平日）、年末12月29日～31日（1月1日～3日は開館）
・交通　JR佐賀駅より徒歩約30分。佐賀市営バス「博物館前」下車すぐ

佐賀城跡にあり、常設展示「佐賀県の歴史と文化」コーナーで安永田遺跡出土の銅鐸鋳型レプリカを展示している。

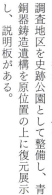

遺跡には感動がある

――シリーズ「遺跡を学ぶ」刊行にあたって――

「遺跡には感動がある」。これが本企画のキーワードです。

あらためていうまでもなく、専門の研究者にとっては遺跡の発掘こそ考古学の基礎をなす基本的な手段です。また、はじめて考古学を学ぶ若い学生や一般の人びとにとって「遺跡は教室」です。

日本考古学では、もうかなり長期間にわたって、発掘・発見ブームが続いています。そして、毎年厖大な数の発掘調査報告書が、主として開発のための事前発掘を担当する埋蔵文化財行政機関や地方自治体などによって刊行されています。そこには専門研究者でさえ完全には把握できないほどの情報や記録が満ちあふれています。しかし、その遺跡の発掘によってどんな学問的成果が得られたのか、その遺跡やそこから出た文化財が古い時代の歴史を知るためにいかなる意義をもつのかなどといった点を、莫大な記述・記録の中から読みとることははなはだ困難です。ましてや、考古学に関心をもつ一般の社会人にとっては、刊行部数が少なく、数があっても高価なその報告書を手にすることすら、ほとんど困難といってよい状況です。

いま日本考古学は過多ともいえる資料と情報量の中で、考古学とはどんな学問か、また遺跡の発掘から何を求め、何を明らかにすべきかといった「哲学」と「指針」が必要な時期にいたっていると認識します。

本企画は「遺跡には感動がある」をキーワードとして、発掘の原点から考古学の本質を問い続ける試みとして、日本考古学が存続する限り、永く継続すべき企画と決意しています。いまや、考古学にすべての人びとの感動を引きつけることが、日本考古学の存立基盤を固めるために、欠かせない努力目標の一つです。必ずや研究者のみならず、多くの市民の共感をいただけるものと信じて疑いません。

二〇〇四年一月

戸沢充則

著者紹介

藤瀬禎博（ふじせ・よしひろ）

1947年、福岡県飯塚市生まれ。

明治大学文学部史学地理学科考古学専攻卒業。

1977年より鳥栖市教育委員会に所属し、生涯学習課参事（兼市誌編纂係長）等を務め退職。現在、鳥栖郷土研究会会長。

主な著作　「安永田遺跡の青銅器鋳型について」（松本清張編『銅鐸と女王国の時代』日本放送出版協会）、「環有明海と出雲―青銅器の生産と流通―」（『歴史読本』42-5、新人物往来社）、「環有明海の青銅器文化―青銅器生産はいつはじまったか―」（『地域と文化の考古学』六一書房）、「青銅器文化と技術の革新」『鳥栖市誌』第2巻ほか。

写真提供（所蔵）
鳥栖市教育委員会：図1・3・6・9・10・12～15・17～19・30（赤漆玉鈿装鞘付銅剣復元品）・33～39・55・66・73／八雲本陣記念財団：図2／TNM Image Archives：図7／福岡市埋蔵文化財センター：図22・41／島根県立古代出雲歴史博物館（文化庁所蔵）：図23・70右／佐賀県教育委員会：図24・26～28・30・31・42・62③・65・69／小城市教育委員会：図37①（布施ヶ里遺跡出土銅釦）・62④～64／東京大学文学部考古学研究室：図40／茨木市立文化財資料館：図43／田原本町教育委員会：図44／藤瀬禎博編 1998『石製鋳型による鋳造実験報告書』北九州鋳金研究会：図45（上）・54・56・57／春日市教育委員会：図45（下）・75・76／志賀海神社：図62①／大阪府立弥生文化博物館（出合明撮影、佐賀市教育委員会所蔵）：図62②／大阪府立弥生文化博物館（出合明撮影、神埼市教育委員会所蔵）：図68／佐賀県立博物館（個人蔵）：図70左

図版出典・参考（一部改変）
図4：国土地理院100万分の1「日本図-Ⅲ」／図5：国土地理院5万分の1地形図「脊振山」「甘木」「佐賀」「久留米」／図8・11・20：鳥栖市教育委員会 1985／図21・67：鳥栖市誌編纂委員会編 2005／図25：佐賀県教育委員会 2002／図29：佐賀県教育委員会 2003／図32：鳥栖市教育委員会 1997／図46：藤瀬禎博編 1998『石製鋳型による鋳造実験報告書』北九州鋳金研究会

上記以外は著者

シリーズ「遺跡を学ぶ」114

九州の銅鐸工房　安永田《やすながた》遺跡

2016年12月10日　第1版第1刷発行

著　者＝藤瀬禎博

発行者＝株式会社　新 泉 社
東京都文京区本郷2－5－12
TEL 03（3815）1662／FAX 03（3815）1422
印刷／三秀舎　製本／榎本製本

ISBN978－4－7877－1634－7　C1021

シリーズ「遺跡を学ぶ」

第1ステージ（各1500円＋税）

05 世界をリードした磁器窯　肥前窯　大橋康二
07 豊饒の海の縄文文化　曽畑貝塚　木﨑康弘
10 描かれた黄泉の世界　王塚古墳　柳沢一男
13 古代祭祀とシルクロードの終着地　沖ノ島　弓場紀知
22 筑紫政権からヤマト政権へ　豊前石塚山古墳　長嶺正秀
23 弥生実年代と都市論のゆくえ　池上曽根遺跡　秋山浩三
24 最古の王墓　吉武高木遺跡　常松幹雄
27 南九州に栄えた縄文文化　上野原遺跡　新東晃一
34 吉備の弥生大首長墓　楯築弥生墳丘墓　福本　明
35 最初の巨大古墳　箸墓古墳　清水眞一
38 世界航路へ誘う港市　長崎・平戸　川口洋平
48 最古の農村　板付遺跡　山崎純男
50 「弥生時代」の発見　弥生町遺跡　石川日出志
51 邪馬台国の候補地　纒向遺跡　石野博信
53 古代出雲の原像をさぐる　加茂岩倉遺跡　田中義昭
56 大友宗麟の戦国都市　豊後府内　玉永光洋、坂本嘉弘
60 南国土佐から問う弥生時代像　田村遺跡　出原恵三
61 中世日本最大の貿易都市　博多遺跡群　大庭康時
68 列島始原の人類に迫る熊本の石器　沈目遺跡　木﨑康弘
76 遠の朝廷　大宰府　杉原敏之
88 東西弥生文化の結節点　朝日遺跡　原田　幹
91 「倭国乱」と高地性集落論　観音寺山遺跡　若林邦彦
94 筑紫君磐井と「磐井の乱」　岩戸山古墳　柳沢一男
99 弥生集落像の原点を見直す　登呂遺跡　岡村　渉

第2ステージ（各1600円＋税）

108 北近畿の弥生王墓　大風呂南墳墓　肥後弘幸
111 日本海を望む「倭の国邑」　妻木晩田遺跡　濵田竜彦